KB265789

휴대폰이 말하다

모바일 통신의 문화인류학

국립중앙도서관 출판시도서목록(CIP)

휴대폰이 말하다 : 모바일 통신의 문화인류학 / 김찬호 〔지음〕. ―
서울 : 한국방송통신대학교출판부, 2008
　p. ：　cm. ― (아로리총서 ; 4 - 문화와 트렌드1)

ISBN 978-89-20-92824-6 04080 : ₩5900
ISBN 978-89-20-92820-8(세트)

모바일〔mobile〕
문화 인류학〔文化人類學〕

331.5-KDC4
306-DDC21　　　　　　　　　　CIP2008003467

휴대폰이 말하다

모바일 통신의 문화인류학

ⓒ 김찬호, 2008

2008년 12월 1일 초판 1쇄 펴냄

지은이 | 김찬호
펴낸이 | 장시원

편집 | 장웅수
표지 및 본문 디자인 | 보빙사
인쇄 | 삼화인쇄(주)

펴낸곳 | (사)한국방송통신대학교출판부
등록 1982년 6월 7일 제 1-491호
주소 서울특별시 종로구 이화동 57번지 (우)110-500
전화 (02)3668-4764
팩스 (02)741-4570
홈페이지 http://press.knou.ac.kr

〈지식의 날개〉는 한국방송통신대학교출판부의
교양도서 브랜드입니다.

아로리총서 : 문화와 트렌드-1

휴대폰이 말하다

모바일 통신의 문화인류학

김 찬 호

지식의 날개

왜 휴대폰인가?

얼마 전 외국에 출장 가면서 새삼 느낀 것이 있다. 보통은 공항에 들어서면서 또는 비행기에 탑승하거나 그 비행기가 이륙하면서 한국을 떠난다는 실감을 하게 된다. 그런데 이번에는 그게 아니었다. 집을 나서는 순간 갑자기 익숙한 일상을 벗어났다는 느낌에 사로잡혔다. 다름 아닌 휴대폰을 두고 나왔기 때문이었다. 아무도 내게 연락할 수 없는 상황이 되면서 이미 한국이라는 나라를 떠나버린 기분이 들었다. 매일 오가는 동네를 걸어가고 있었지만 전혀 다른 세계에 온 것 같았다. 외부와의 연결망이 끊기면서 뭔가 허전하고 불안하기까지 했다. 더구나 늘 휴대전화로만 시계를 보았는데 이제 시간조차 확인하기가 어려워지면서 일종의 무중력 상태로 들어가는 듯했다. 어느덧 휴대전화는 생활의 절대 조건으로 자리매김하게 된 것이다.

지난 반세기 동안 한국 사회는 숨 가쁘게 변화를 경험해왔고, 최근 정보 사회에 접어들면서 그 템포는 더욱 빨라졌다. '정보 사회'는 지식의 생산과 정보의 원활한 유통 속에서 부가가치를 창출하는 사회다. 인터넷의 폭발적인 보급을 계기로 우리는 엄청난 양의 정보를 손끝에서 얻을 수 있게 되었다. 방대한 데이터가 빛의 속도로 지구를 돌아다니면서 사람들의 생활 세계는 매우 긴박하게 운영되고 있다. 이러한 상황 변화의 이면에는 테크놀로지의 발달과 더불어 끊임없이 혁신되는 미디어가 핵심적인 요소로 자리 잡고 있다.

그런데 정보 사회에 대해 논의할 때 주로 관심의 대상이 되는 미디어는 컴퓨터 및 인터넷이다. 사실 인터넷은 문명사적으로 볼 때 지금까지 발전되어온 미디어 테크놀로지의 모든 기능을 통합하면서 전혀 새로운 차원의 정보 공간을 창출하고 있다. 그리고 무엇보다도 전지구적인 연결망을 구축함으로써 모든 사람이 서로 동시에 접속 가능한 세상을 만들어냈다. 이러한 정보 환경은 한국처럼 문화적, 지정학적으로 고립되어 있는 사회에는 크나큰 충격으로 다가오게 마련이다. 그러나 1990년대 말부터 인터넷의 급속한 보급과 병행하여 한국인의 생활을 혁명적으로 바꾼 또 하나의 대중적인 미디어는 휴대폰이다.

21세기에 들어서면서 현란하게 꽃 피운 이동통신은 커뮤니케이션에 일대 지각 변동을 일으켰다. 휴대전화는 인터넷과 함께 인간의 삶과 사회를 엄청난 속도로, 그리고 매우 광범위하게 바꿔놓았다. 시간과 장소에 구애받지 않고 특정한 누군가에게 접속할 수 있는 상황에서 물리적인 거리의 의미는 점차 그 의미를 잃어가고 있다. '어디든'이라는 의미의 일본의 이동통신회사 '도코모'는 모바일 시대의 핵심을 간파한 회사명이라 할 수 있다. 이제는 곁에 있다고 가까운 것이 아니고, 멀리 있다고 먼 것이 아니다. 'Out of sight, out of mind'라는 말이 있지만, 이제는 'sight' 대신 'connection'을 넣어야 하지 않을까 싶다. 미디어 환경은 이렇듯 삶의 감각을 근본적으로 변용시키고 있다.

특히 한국의 문명사에서 휴대전화는 각별한 위상을 갖는다. 그 어느 물건도 이처럼 빠른 속도로 보급되지 않았다. 또한 소비자들이 그 기종을 교체하는 속도도 매우 빠르다. 그리고 어떤 전자제품도 이렇듯 전 국민의 개인적인 필수품이 된 적이 없다. PC의 경우에는 대개의 가정에서 가족들이 공유하기 때문에 엄밀히 말해 'personal'하다고 말하기 어렵다. 그에 비해 휴대전화는 철저하게 개인 소유다. 많은 젊은이들에게 휴대폰은 재산 목록 1호로 꼽힌다. 자기 부모의 휴대전화보다 더 비싼 것을 가지고 다니는 청소년도 적지 않다. 그 보물단지는 웬만한 사람들의 경우 깨어 있는 동안에는 거의 몸에서 떨어지지 않는다. 미디어를 가리켜 '인간의 확장'이라고 한 마샬 맥루한의 말처럼 휴대폰이야말로 가장 확실하게 이러한 개념을 구현한 것으로서 신체의 일부로 자리 잡았다.

그런데 휴대폰은 단순히 통화 기능만 갖고 있는 게 아니다. 시계,

카메라, 라디오, 수첩, 신용카드, 게임, 텔레비전, 인터넷 ……. 문명의 핵심 도구들이 끊임없이 휴대폰 안에 탑재되고 있다. 기존의 테크놀로지들이 융합되고 시너지를 내면서 우리의 생활세계를 바꿔놓는다. 기존의 장치들이 '모바일'로 업그레이드되어 '유비쿼터스'한 세상을 열어 준다. 최근에 짓는 고급 아파트는 휴대폰을 이용한 무선 원격 제어 서비스를 갖추고 있는데, 에어컨, 세탁기, 가스밸브, 특정 콘센트 등을 바깥에서 아무 때나 조작할 수 있다. 그리고 모바일 콘텐츠가 확대되면서 날씨, 주식, 열차시각, 영화 예매 등에 관한 정보를 실시간으로 입수할 수 있고, 모바일 쇼핑과 모바일 금융도 점점 보편화되고 있다. 또한 공공기관의 민원처리에서도 토지(임야)대장 열람 및 등본 교부, 건축물대장 등초본 발급 및 열람 신청, 개별 공시지가 확인 등이 휴대폰으로 가능하다. 다른 한편 의료 분야를 보면 'U-헬스서비스'의 일환으로 '모바일 당뇨 측정폰'이 등장했고, 가벼운 질환의 경우 온라인으로 진단하고 처방한 후 약 복용 시간도 정기적으로 알려 주는 시스템도 개발 중이다.

이렇듯 거대한 변화를 우리는 어떻게 수용하고 있는가. 테크놀로지 혁명을 해석하는 개념과 틀은 무엇인가. 휴대폰에 대한 잡다한 정보들은 일반인들에게 널리 체득되었다. 그리고 그 다양한 쓰

임새와 유의사항 그리고 미래의 새로운 개발 가능성에 대한 지식
도 빠르게 유통된다. 그러나 이러한 생활의 변화가 무엇을 의미하
는지에 대한 성찰의 공간은 매우 비좁은 것이 부인할 수 없는 현실
이다. 소비자로서 신제품에 대해 민첩하게 반응하지만 그로 인해
개인의 심리 상태와 인간관계가 어떻게 바뀌어가고 있는지를 찬찬
히 짚어 보는 언어가 빈곤하다. 수많은 변화들에 정신없이 휩쓸리
고 그 정체를 파악할 겨를도 없이 또 다른 격랑에 뒤덮이는 우리의
현대사에서, 일상의 경험을 요모조모 살피면서 그를 통해 사회와
문화를 읽어내는 작업은 참으로 소홀했던 것 같다.

이 책은 「주간동아」에 2007년 5월부터 약 1년 동안 연재된 글을
다듬고 보완한 것이다. 미디어는 나의 전문 분야가 아니다. 휴대폰
에 대해 반드시 연구를 해야 하는 상황이 있었던 것도 아니다. 휴
대폰에 대해 본격적으로 연구를 해보겠다고 마음을 정한 것은 어
느 날 매일 타고 다니는 지하철에서였다. 평소 대중교통을 이용하
는 나에게 지하철은 소중한 독서 공간이다. 자리에 앉든 일어서든
몇 시간이고 책을 보고 이런저런 단상들을 메모하기도 한다. 그런
데 언제부터인가 그 일이 어려워지는 상황이 자주 발생했다. 주변
사람들의 휴대폰 통화 때문이다. 지하철이라는 폐쇄되고 밀집된
공공 공간에서 그렇게 큰 목소리로 이야기하는 사람들이 한국에

말고 또 있을까.

신경 쓰지 않으려고 애를 쓸수록 더욱 신경 쓰이는 것이 옆사람들의 소곤거리는 말소리다. 휴대전화는 상대방의 목소리가 들리지 않기 때문에 더욱 귀가 솔깃하게 되어 있다. 나에게 매우 귀중한 연구 공간이 그렇게 침해당하면서 지하철 이용에 짜증이 나기 시작했다. 다른 사람은 아랑곳하지 않고 자기 안방에서 하듯 떠들어 대는 사람들에게 화가 치밀어 올랐다. 그런데 어느 날 나는 그 감정을 호기심으로 바꿔보기로 했다. 저 사람들은 왜 저렇게 열심히 통화를 하는 것일까? 어떤 사람들이 어떤 말들을 주고받을까? 큰 목소리로 통화하는 사람들에 대해 주변 사람들은 어떻게 반응하는가? 등등.

휴대전화에 대해 글을 써보겠다고 연구에 돌입하려고 보니 의외로 길은 넓었다. 무엇보다도 거의 모든 사람들이 휴대전화를 갖고 있기에 어느 자리에서든 인터뷰가 가능하다. 그리고 저마다 휴대전화에 얽힌 잊지 못할 경험들을 갖고 있다. 그것은 단편적으로 보면 별것 아닌 스토리들이지만 모아 보면 우리 시대를 읽어내는 역사를 구성한다. 21세기의 문턱에서 한국이 겪는 이 거대한 변화를 그냥 휘발성으로 날려 보내기는 너무 아깝다.

모바일 시대는 어떤 모습으로 펼쳐지는가. 휴대전화에 관한 담

론은 산업과 기술 그리고 디자인 쪽으로 치우치면서 피상적인 문명 예찬으로 흐르기 일쑤다. 다른 한편으로는 전자파 공해, 공공장소에서의 매너, 기업의 횡포와 소비자의 권리 등 휴대전화와 관련된 '문제' 들이 거론된다. 그러나 우리에게 더욱 필요한 것은 이렇듯 급속하게 변모하는 일상 그 자체의 정밀한 해석과 성찰이 아닐까. 산업화와 민주화가 서구에서 오랫동안 진행된 것을 뒤늦게 따라잡는 것이었다면, 정보화는 거의 동시적으로 또는 한발 앞서 진행되고 있다.

따라서 오랫동안 서구 이론의 수입상 노릇에 안주해온 탓에 급기야 위기에 몰린 한국의 인문사회과학이 이러한 경험들을 분석하는 데서 판도를 바꿀 수 있는 계기를 찾을 수도 있겠다는 기대를 해본다. 인터넷과 휴대폰 등 첨단의 기기를 가장 열렬히 환호하고, 이를 생활과 업무의 현장 곳곳에 세밀하게 끌어들이는 한국인들의 경험 그리고 그것이 불러일으키는 사회문화적인 현상들은 독자적인 연구를 필요로 하는 소중한 텍스트가 아닐까. 이 책은 연구서라기보다는 현상을 세밀하게 읽으면서 에세이 수준에서 단상을 정리한 것에 가깝지만 앞으로 문화사회학이나 커뮤니케이션 분야에서 본격적으로 학문적인 탐구가 이루어지길 기대한다.

우리에게 휴대전화는 과연 무엇인가. 이 자그마한 물건이 불러일으키는 생활의 혁명과 마음의 신화는 무엇인가. 언제든, 누구든 접속할 수 있는 네트워크 속에서 우리의 자의식과 인간관계는 어떻게 변용되고 있는가. 몸과 공간의 제약을 넘어 거의 무한한 정보를 입수할 수 있는 정보 환경은 생각과 감정을 어떻게 빚어내고 있는가. 이 책은 그 물음을 가지고 출발한다. 사소하게 그리고 당연한 듯 스쳐지나가는 경험들을, 낯설게 그리고 다각적으로 조명하는 이야기 마당에서 이 시대의 풍경 또는 자화상을 함께 그려 보자.

차례

호모 모바일런스의 생활 혁명

호모 모바일런스의 생활 혁명

통신의 진화 한 세기

"아이고, 데이고" 고종이 서거한 1919년 이래 그의 아들 순종은 삼년 동안 아침마다 부왕의 능 앞으로 오열을 터뜨리며 전화를 걸었다. 궁궐 전화선을 고종과 명성황후가 안장된 경성 동북쪽 홍릉 묘역에 연결시켜 놓고 능지기가 수화기를 봉분 앞에 대면 송화기를 통해 애끓는 곡성을 내보냈다고 한다. 부모 무덤 앞에 초막 짓고 치렀던 삼년상을 근대 통신수단으로 대신했던 것이다. (……) 황제와 전화 통화를 할 때의 예법도 극진했던 것으로 전해진다. 고종 황제 시절 궁중에서 신하들은 황제에게서 전화가 오면 관복을 추스르고 전화기를 향해 큰 절을 한 뒤 무릎을 꿇고 통화를 해야 했다.

—노형석, 『한국 근대사의 풍경』 중에서

개화기에 조선인들이 접한 서양 문명 가운데 통신 기기는 가장 충격적인 물건이었을 것이다. 괘종시계의 경우 해시계나 물시계라는 '원형'이 있었고, 전등은 그 이전에 촛불이나 횃불이라는 조명 도구가 있었으며, 자동차는 수레나 마차의 업그레이드 버전이다. 그에 비해 라디오는 전혀 새로운 개념의 기계였다. 사람의 얼굴은 보이지 않는데 목소리만 흘러나오니 영락없는 귀신이 아니었겠는가. 전화는 더욱 놀라운 것이었으리라. 다른 사람과 생생한 목소리로 실시간 대화를 주고받을 수 있으니 신기한 마법 상자에 다름 아니었다.

한국에서 전화기의 보급 과정은 매우 완만했다. 해방 직후까지만 해도 가정은 물론 사무실에도 전화가 흔치 않았다. 오히려 다방 같은 곳이 전화기를 꼬박꼬박 갖추어 놓았다. 충무로가 영화산업의 1번지가 된 것도 전화가 귀했던 시절 영화인들이 그 일대의 다방들을 사무실로 사용한 데서 연유한다. 그로부터 반세기 남짓 지난 지금 전화기는 가전제품이 아닌 개인의 소지품이 되었다. 그 작은 기기가 없는 사회와 생활을 이제는 상상하기 어렵다. 그런데 휴대전화는 단순한 도구를 넘어서 패션의 일부로서 자리하며, 유행을 따라 끊임없이 교체되고 있다. 매년 1,200만 대의 단말기가 버려진다고 하니 휴대전화의 소비 면에서 한국은 얼마만큼 유별난 것일까?

「유에스 뉴스 앤드 월드 리포트」는 2007년 3월 18일자에서 '그들은 어떤 점에서 나은가(How They Do It Better)'라는 제목의 특집 기사를 실었다. 미국이 최고의 GDP를 자랑하고 노벨상 수상자도 가장 많이 배출했지만 다른 나라들에게 배울 만한 것들이 아직도 많다는 것이 주된 내용이었다. 예를 들어 부탄은 흡연율이 가장 낮고, 독일과 네덜란드는 자전거를 타기에 거리가 안전하며, 아프가니스탄 사람들은 손님을 극진히 대접한다. 또한 싱가포르에서는 거리에 쓰레기를 버리면 엄격하게 벌금을 매기고, 덴마크는 풍력 발전으로 에너지 효율을 높이고 있다는 식으로 여러 나라들의 장점을 나열하고 있다. 그런데 그 안에 한국도 들어갔을까? 다행히 그렇다. 휴대전화를 매우 다양한 용도로 사용하는 면에서 일본과 함께 최고 수준에 도달했고, 미국의 광대역 통신망보다 빠른 속도로 휴대전화 네트워크를 사용할 수 있는 나라로 한국이 꼽힌 것이다.

우리에게는 별것 아닌 휴대전화 기능들이 외국에서는 자못 신기한 침단 징치들도 어겨시는 모양이나. 그것을 확인시켜 준 일화가 하나 있다. 한국의 어느 연예인이 이탈리아 공항에서 겪은 일이다. 옆에서 어느 어린아이가 무슨 이유 때문인지 매우 심하게 울면서 떼를 쓰고 있었다. 부모가 아무리 달래려 해도 막무가내였다. 그때 이 연예인은 갑자기 영감이 떠올라 아이의 울음을 그치게 하는 데 자기 휴대전화를 활용하기로 했다. 버튼을 조작하여 여러 가지 신호음과 음악 소리가 나오도록 한 다음 휴대전화를 가까이 보여 주었더니 아이는 갑자기 울음을 뚝 그치고 그 기계에 몰입했다. 뿐만 아니었다. 주변에서 그 장면을 지켜보던 사람들이 하나 둘씩 모여들어 주위를 에워싸고 놀라운 눈빛으로 휴대전화를 바라보더라는 것이다. 100여 년 전 서양인들이 가지고 온 문명의 이기에 눈이 휘둥그레졌던 조선인들의 모습을 떠올려 보면 참으로 격세지감을 느끼게 된다.

한국의 휴대전화 가입자 수는 2006년 11월에 4천만 명을 돌파했다. 1996년 CDMA 기술을 상용화하면서 본격적으로 보급되기 시작할 당시 가입자가 300만 명이 조금 넘은 것을 감안하면 10년 만에 13배 이상 증가한 것이다. 실로 폭발적인 성장이라 하겠다. 이제 거의 전 국민이 언제 어디에서든 서로에게 접속할 수 있는 세상이 된 것이다. 이러한 미디어 환경이 불러일으키는 삶과 사회의 변화는 실로 엄청나다. 모든 사람들이 휴대전화를 가지고 있다는 전제 아래 대부분의 일들이 돌아간다. 어쩌다 휴대전화를 집에 두고 나오기라도 하면 하루 종일 불안하고, 때로는 업무에 중대한 차질이 생기기도 한다. 이제 휴대전화 없이는 일상 그 자체가 성립하기 어려울 지경이 되었다. 어느 이동통신사의 광고 문구대로 '생활의 중심'이 된 것이다.

어떤 사람이 10년 전쯤에 감옥에 들어가 세상과 완전히 두절되어 있다가 석방되었다고 하자. 10년 이상 떠나 있다가 다시 사회에 복귀하면서 여러 가지로 어려움을 겪겠지만 그는 무엇보다 주변에서 흔히 주고받는 대화의 내용을 도저히 이해할 수 없을 것이다.

"문자로 찍어 보냈는데, 그 사람 그냥 씹어 버리더라." "폰카로 찍어서 날려 줄래?" "나 디엠비폰으로 바꿨어."

공공장소에서 만나는 낯선 풍경들도 많을 것이다. 전철에 앉아서 휴대전화 버튼을 하염없이 눌러대는 청소년, 그 옆에 조그만 모니터를 보면서 혼자 깔깔대며 웃는 아가씨, 귀에 이어폰을 끼고 길을 걸어가면서 혼자 소리를 지르는 아저씨, 데이트 중에 휴대전화를 멀찌감치 손에 들고 포즈를 취하면서 즐거워하는 남녀(폰카로 촬영 중). 이 모든 모습들 앞에서 그는 완전히 외계인이 될 것이다. 우리의 삶은 그렇듯 엄청나게 달라졌다.

날로 혁신을 거듭하면서 신제품을 선보이는 휴대전화를 제대로 사용하기 위해서는 나름대로 '리터러시(literacy)'가 필요하다. 새로운 기능들이 추가되고 그에 따라 낯선 용어들이 계속 등장하기 때문이다. 그러한 미디어 환경에 적응하는 데 특히 어려움을 겪는 소수자들 가운데 새터민이 있다. 무지개청소년센터가 2007년에

한양대 박물관 개최 「이동통신 문화전」 홍보 포스터

발행한 『새터민 청소년용 휴대폰 안내서』를 보면 같은 한국말을 쓰면서도 남한에 적응하기 위해 얼마나 많은 것을 배워야 하는지를 새삼 확인하게 된다. 그 책자에서 풀이하는 용어들의 목록은 이러하다. 개통, 해지, 부가 서비스, 정액제, 대리점, 기지국, 완납, 분납, 최적 요금제, 지로 용지, 할부금, 연체료, 멤버십 등급, 잔여 포인트, 음성통화, 콜렉트 콜, 지상파 DMB, 매너 모드, 수신자, 발신자, 부재중, 단말기＝휴대폰＝핸드폰＝기기 …….

'휴대폰'과 '핸드폰'이라는 이름을 잘 들여다보면 흥미롭다. 웬만한 콩글리시 용어는 대개 일본에서 만들어져 수입된 것이지만 핸드폰은 완전히 토종이고 휴대폰은 일본에서 나온 '휴대전화'를 변형시킨 것이다. 휴대폰을 가리키는 영어는 'cell phone'과 'mobile phone'이 있는데, 전자가 기계의 속성을 묘사하는 것이라면 후자는 자유로운 이동이라는 편리함을 부각시키고 있다. 그에 비해 '핸드폰', '휴대폰', '휴대전화'는 그 기계와 인간의 신체 사이의 관련성에 착안한 용어라고 할 수 있다. 그런데 그렇게 세 가지 용어가 함께 쓰이는 것도 한국만의 특이한 현상이다. 그리고 거기에는 한자어와 영어가 뒤섞여 들어와 있다. 그러한 조어(造語)의 속성과 그 가운데 어느 말이 우세할 것인지에 대해 이어령 선생은 『디지로그』에서 다음과 같이 분석하고 있다.

폐쇄적인 언어감각도 아니요, 무조건 개방하는 언어의식도 아니다. 그래서 일본말이 들어오면 '모찌'로 하면 될 것을 '모찌떡'이라고 하고 영어가 들어오면 일본처럼 '깡(캔, can)'이라고 하지 않고 통을 붙여 '깡통'이라고 한다. '라인 선상'이라고 말하는 야구 중계자나 'IT 기술'이라고 말하는 공학자의 경우도 마찬가지다. 핸드폰과 휴대폰과 휴대전화가 서로 경합하고 있지만 모르면 몰라도 영어파의 핸드폰과 토착파의 휴대전화보다 그 양쪽 중간의 균형을 맞춘 휴대폰이 제일 우세할 것으로 안다.

'핸드폰'이라는 용어도 쉽게 사라지지는 않을 것이다. '손'이라는 신체 부위와 한국 문화의 관련성도 따져 볼 만한 주제가 아닐까 싶다. 부왕의 능 앞에 전화기를 연결해 곡성을 내보내던 시절에서 채 한 세기도 지나기 전에 거의 모든 국민의 손에 전화기가 의수(義手)처럼 부착되었다. 누구에게든, 언제든, 어디에서든 통화할 수 있다. 그리고 그 범위는 이제 전 세계로 확대되고 있다. 지구 정반대편 사람들끼리 길을 걸으면서 이야기를 나눌 수 있으리라고 100년 전에 누가 상상이나 했을까? 이제는 휴대폰이 인터넷으로 연결되어 미국에 있는 친구와 아무리 오랫동안 통화해도 국내 요금만 내면 되는 시스템도 생겼다. 미디어 환경의 진화는 공간 감각을 변용시킬 것이다. 앞으로 휴대폰은 우리의 일상과 세계의 접촉면을 계속 넓혀갈 것이다.

언제 어디서나 연결된다는 것

만일 우리 인생이 단지 5분밖에 남지 않았다는 사실을 알게 되면 우리는 모두 공중전화 박스로 달려가 저마다 소중한 사람들에게 전화를 할 것이다. 그리고 더듬거리며 그들에게 사랑한다고 말할 것이다.

—크리스토퍼 몰리

입시철이 되면 일류대학의 수석합격자들이 모든 신문에 대서특필되던 시절이 있었다. 그 사진에 담긴 주인공은 한결같이 전화를 받으며 활짝 웃는 표정이었다. 그와 비슷한 포즈의 사진이 또 있었는데, 개각 때 장관 발령을 받은 인물들의 모습이었다. 여기저기에서 쇄도하는 축하전화를 받느라 기자와는 제대로 인터뷰를 할 수 없는 정황이었을까. 아니면 전화를 받는 장면의 사진이 그런 기사의 분위기에 가장 어울린다는 편집부의 판단 때문이었을까. 아무튼 무슨 경사가 났을 때 전화는 그 낭보나 축하 메시지를 신속하게 전하는 말길이 되어 준다.

인류 역사에서 목소리가 미치지 않는 거리에서 소통하는 방법은 여러 가지로 개발되어 왔다. 수신호나 몸짓, 북이나 나팔, 종소리, 봉화, 전령 비둘기, 편지 등 다양한 방법과 수단이 사람과 사람 사이의 커뮤니케이션에 동원되었다. 근대 산업 문명이 꽃을 피우면서 개발된 전신(電信)은 텔레커뮤니케이션의 초석이 되었다. 물리적인 속도로 말하자면 지금 아무리 빠른 기차나 비행기도 150년 전에 발명된 모스 전신 연락에 미치지 못한다. 자동차나 기차가 말(馬)을 대체한 것이고 비행기가 새를 모방한 것인 데 비해 원격 통신은 인간만이 획득해낸 독창적인 능력이다. 아주 멀리 있는 사람과 소통하는 기술, 빛의 속도로 메시지를 주고받는 시스템을 구현하면서 인간은 전혀 새로운 세상을 열어가기 시작한 것이다.

물리적인 제약을 넘어서 누군가와 연락할 수 있다는 것은 곧 그만큼 상황을 널리 장악할 수 있다는 가능성을 내포한다. 소통은 곧 권력이다. 군대나 감옥에서 통신 매체에 대한 접근을 차단하는 것은 집단을 통제하는 기본적인 방법이다. 마찬가지 논리로, 뛰어난 통신 수단을 지니고 있다는 것은 그만큼 우월한 지위에 있음을 암시한다. 전화가 널리 보급되지 않았을 때 전화를 가진 집은 그 접속력 자체만으로도 엄청난 부러움의 대상이었다. 전화기가 상용화된 다음에는? 자동차에 부착된 이동 전화기가 그러한 위상을 지니게 되었다. 전화가 아무리 편리해도 그 기기가 놓여 있는 장소에 구속될 수밖에 없는데, 이동하면서 전화를 할 수 있다는 것은 대단한 특권이었다.

휴대전화 초기가 그러했다. 삐삐가 필수품이었고 휴대전화가 조금씩 확산되던 시절을 돌이켜보자. 요청받은 전화를 걸기 위해 공중전화기마다 길게 늘어선 사람들과, 그 옆으로 휴대전화를 받으며 느긋하게 걸어가는 사람들은 전혀 다른 등급에 속하는 것처럼 여겨졌다. 아직 기기값과 통신요금이 너무 비싸 웬만한 사람들은 구입할 엄두를 낼 수 없었던 상황에서 휴대전화는 일종의 부의 상징이었다. 뿐만 아니라 그렇게 전화를 받으면서 걸어가는 모습은 그 사람이 얼마나 바쁘고 유능한지를 암시하기도 했다. 그러나 휴대전화가 거의 모든 사람들의 손에 쥐어진 지금, 그러한 차별화 효과는 사라졌다. 이제는 휴대전화의 소지 여부가 아니라 얼마나 비싼 것을 지니고 있는가에 따라 소비의 급수가 가늠된다.

의식주와 함께 현대생활의 필수요소로 자리 잡은 또 하나의 영역이 '교(交)'다. 장소와 장소, 사람과 사람을 잇는 교통과 통신이 그것이다. 자동차와 전화는 20세기에 보편화된 테크놀로지의 대표주자라고 할 수 있다. 그런데 교통과 통신은 보급 속도에서 대조를 이룬다. 자동차에 비해 인터넷과 전화는 어느 시기에 접어들면서 폭발적인 신장세를 보이기 시작했다. 그 이유는 단순하고 분명하다. 자동차는 그 사용자가 많아질수록 교통체증이 가중되어 그 물건으로 얻는 편익은 감소한다. 그에 비해 전화나 인터넷은 사용자가 많아지면 그 개별 기기의 효용이 점점 더 커지게 된다. 접속할 수 있는 대상이 그만큼 늘어나기 때문이다. 그러다가 어느 정도 이상 늘어나면, 있으면 편리한 정도가 아니라 없으면 불편한 단계

영화 「악마는 프라다를
입는다」의 주인공 앤드리아
(앤 해서웨이 분)에게 휴대폰은
필수품이자 족쇄다.

에 이른다. 휴대전화를 전제로 생활과 업무 그리고 인간관계가 영
위되기 때문에 나 홀로 거부하기가 매우 어렵다. 본인은 괜찮을지
몰라도 주변 사람들이 불편하다며 원성이 자자하다.

영화 「악마는 프라다를 입는다」를 보면 비서 역으로 나오는 주
인공의 휴대전화가 끊임없이 울린다. 사장이 시도 때도 없이 전화
를 걸어 업무를 지시하고 진행 상황을 체크하는 것이다. 영화 막바
지에는 슈퍼우먼의 힘으로 그 모든 일들을 척척 수행해내다가 끝
내 지친 주인공이 사표를 제출하고 나서 휴대전화를 분수대에 던
져 버리는 장면이 나온다. 많은 직장인들이 그 장면에서 후련한 대
리만족을 느꼈을 듯하다. 직장에서 휴대전화는 사원들을 구속하는
족쇄처럼 여겨진다.

그러나 그러한 구속은 자유와 편리함을 얻기 위해 치르는 대가인지 모른다. 네트워크 속에 나를 노출시키는 한 접속은 불가피하다. 모바일 온라인은 삶 속에 점점 깊이 파고들어온다. 우리는 그 통신을 귀찮아하면서도 한편으로는 열렬히 환영한다. 친구나 애인에게서 배달되는 메시지는 삭막한 일상에 잔잔한 위로가 된다. 답답한 세계에 갇혀 있다고 느낄 때는 버튼을 누른다. 지하철이나 비행기에서 불의의 사고로 죽음에 직면한 이들이 서둘러 휴대전화로 가족을 찾듯이 소통은 사람이 추구하는 궁극적인 존재 의미다. 그 누군가에게 연결되어 있다는 것, 언제 어디서든 말을 걸 수 있다는 것이 살아 있음의 증거처럼 여겨진다. 휴대전화는 인간의 마음, 그 오묘한 코드를 정밀하게 집적한 기계 장치다.

공간의 제약을 벗어나

"'02'를 누를 때마다 슬펐어요." 서울에서 지방대학으로 진학한 어느 대학생이 오래전에 했던 말이다. 휴대전화가 없었던 시절, 공중전화나 일반전화로 집에 전화할 때 예전의 습관대로 지역번호를 생략하고 버튼을 눌렀다가 엉뚱한 곳에 걸리게 되는 일이 신입생 시절에는 잦았다고 한다. 그런 일이 몇 차례 반복되면 서울에 전화할 때마다 정신을 차리고 '02'를 눌러야 했다. 그 과정에서 '지방거주'의 소외감을 새삼 느꼈다는 것이다. 물리적 기반 못지않게 온라인 네트워크가 생활의 리얼리티를 지탱해 주고 있다는 것을 그때부터 체감한 것이리라.

　일반전화에서는 발신자와 수신자의 지리적 위치가 고정되어 있다. 그리고 누군가에게 전화를 할 때 발신자는 상대방이 어디에서 전화를 받는지 알고 있다. 유선 통신에서 발화자들의 신체는 미디어가 놓여 있는 물리적 공간에 구속받는다. 그런데 무선 통신으로 넘어오면 상황은 완전히 달라진다. 그래서 우리는 전화를 걸거나 받을 때 흔히 "지금 어디야?"라고 첫마디를 뗀다. 그에 이어지는 "전화 받기 괜찮아?"라는 말도 예전에는 거의 하지 않았다. 전화를 받을 만하니까 받은 것 아닌가.

그런데 휴대전화의 경우 비록 수신자가 전원을 켜놓고 있다 해도 전화를 받기 곤란한 상황들이 생긴다. 누군가와 잠깐 중요한 이야기를 나누느라, 시끄럽고 복잡한 거리에 있는 탓에, 심지어 화장실에서 용변을 보는 중이라서 ……. 전화를 받기는 했지만 긴 대화가 어려워 "내가 다시 전화 드릴게요"라고 말하며 전화를 끊는 모습은 모바일 시대에 흔히 접하는 풍경이다. 그만큼 특정 장소에 얽매이지 않고 접속이 가능한 것이다. 그야말로 언제 어디서나 '터지는' '애니' 콜이다.

문명은 기동성(mobility)을 꾸준히 증진시켜왔다. 원래 인간이라는 동물은 이동을 많이 하고 살았다. 직립보행을 하는 유인원의 경우 고릴라는 하루에 2킬로미터, 침팬지는 5킬로미터 정도밖에 걷지 못한다. 그런데 인간은 수렵 채집시대 때부터 30킬로미터 정도를 걸을 수 있었다. 휴대전화를 외국에서도 사용할 수 있는 '로밍 서비스'라는 말에서 'roam'은 '떠돌아다니다, 방랑하다'라는 뜻인데, 그러고 보면 인간의 '로밍' 기질은 역사가 깊은 셈이다.

그런데 다른 동물과 달리 인간은 '짐'도 가지고 다녔다. 침팬지도 물건을 운반할 수 있지만 그것을 두 손에 들고 뒤뚱거리면서 움직일 수 있는 거리는 극히 제한되어 있다. 완전한 직립보행이 아니기 때문이다. 그런데 척추가 완전히 S라인으로 세워진 데다가 두 손이 자유로운 인간의 경우, 여러 가지 물건을 다양하게 휴대하고 자유롭게 움직이고, 심지어 뛰어다니기도 한다. 손에 들 뿐만 아니라 옆구리에 끼고, 어깨에 메고, 머리에 이고, 목에 걸고, 손목과 허리에 차고…….

인간이 그렇게 지녀온 휴대품의 목록은 다양하다. 사냥 도구, 음식(도시락), 무기, 배낭, 바구니, 가방, 액세서리, 깃발, 장구 같은 악기, 지팡이, 담뱃대, 가방, 지갑, 우산, 책이나 신문, 애완동물, 시계, 카메라 등. 그러다가 20세기에 들어와서 미디어가 발달하면서 거기에 새로운 물건들이 추가되기 시작한다. 무전기, 워크맨, 노트북컴퓨터 등. 그러다 절정을 이룬 것이 휴대폰이다. 휴대폰은 그동안 대표적인 휴대품이었던 시계를 상당 부분 대체했을 뿐 아니라 텔레비전 같은 비휴대품까지 그 안에 통합시켰다. 자동차(automobile)의 보급과 함께 급격히 증가한 기동성은 휴대전화(mobile phone)가 대중화되면서 가속화되었다고도 할 수 있다. 리치 링(Rich Ling)이 말한 대로 "휴대전화는 자동차 혁명을 완성시켰다(Mobile telephone has completed the automobile revolution.)." ❶

여기에서 잠깐 옆길로 새보자. 'mobile'이라는 단어를 지금은 누구나 '모바일'로 읽는다. 그러나 휴대폰이 등장하기 전에 우리에게 그 말은 '모빌'로 읽히고 있었다. 아기들이 태어나면 그 아이에게 가장 먼저 선사하는 구경거리 유아용품이 모빌이다. 그 사전적 정의를 보면 '모터나 자연적인 바람에 의해 움직이는 추상조각. 가느다란 철사나 실 따위로 여러 가지 모양의 금속판이나 나무쪽을 매달아 균형의 아름다움을 나타낸 조형품'으로 되어 있다. 모빌이라는 말은 마르셀 뒤샹이 1932년 파리에서 전시회를 가진 미국 예술가 알렉산더 콜더의 움직이는 작품들을 보고 처음으로 붙인 것이라고 한다. 프랑스어로 mobile은 '모빌'로 발음된다. 아이 때 누워서 천장에 매달려 움직이는 모빌에 시선을 빼앗기던 젊은이들은 이제 스스로 '모바일'한 삶을 열심히 살아가고 있다.

지금의 한국인들은 특히 '모바일'하다. 사회 자체가 워낙 유동적이고 이사와 이직도 잦다. 거리의 풍경도 금방 달라지고 가게들은 오래가지 못하고 곧 다른 가게로 교체된다. 휴대전화도 자주 바꾸고 통신사도 계속 옮겨 다닌다. 사소한 예지만 지하철에서 객실 사이의 이동이 한국처럼 많은 나라도 없다. 끊임없이 문이 열리고 닫히면서 승객들이 오간다. 그리고 사람들의 일상을 보더라도 어느 한 곳에 붙어 있거나 집안에 조용히 머물기보다는 이리저리 돌아다니는 것을 좋아한다. 앞서 인용했던 「유에스 뉴스 앤드 월드 리포트」의 기사에서도 한국인과 일본인이 대부분의 시간을 집 바깥에서 보낸다고 소개하며 이는 휴대폰의 수요와 관련 있는 것으로 분석하고 있다. ("Koreans and Japanese spend more time than Americans outside their homes and on public transit.")[2]

모바일 혁명은 발신자와 수신자의 공간적 제약을 허물어 버렸다. 어디에서든 걸고 받을 수 있다. 휴대전화의 보급과 함께 거리의 공중전화는 사용량이 급격히 줄어 그야말로 처량한 신세가 되었다. 삐삐가 한창 유행하던 1998년, 매출액 7,800억 원으로 이용량이 절정에 달했던 공중전화는 2007년 현재 10년 전의 10분의 1로 줄어들어 한국통신의 애물단지가 되어 버렸다. 공중전화가 아닌 일반전화기도 사용량에서 보면 휴대전화에게 일찌감치 추월당했다. 이제 사람들은 이사를 가거나 직장을 옮겨도 바뀐 연락처를 일일이 알려 주지 않아도 된다. 친한 친구나 애인이라도 집 전화번호를 모르는 경우가 많아질 정도로 모든 연락을 휴대전화로 주고 받기 때문이다. (집 주소로 부치던 편지 대신 온라인 주소로 보내는 이메일이 보편화된 것도 유사한 경우다.)

그러나 공간의 굴레에서 통신자의 신체를 해방시켜 주는 휴대전화는 또 다른 방식으로 우리를 구속한다. 우선 아무데서나 휴대전화를 받아야 하는 것이 그러하다. 게다가 휴대전화 이용자의 위치를 추적할 수 있는 시스템이 개발되어 상대방이 어디에 있는지 실시간으로 알아낼 수 있다. 이는 실종자를 수색하거나 노약자의 안전을 확보하는 데 도움이 된다. 그러나 배우자의 불륜을 의심하는 사람들이 상대방의 행적을 감시하거나, 기업에서 사원들의 외근 행선지를 모니터링하는 수단으로 사용되기도 한다. 다른 한편 그 시스템을 활용해 공간 위치 기반 서비스라는 것도 등장했다. 그래서 휴대전화 소지자가 있는 지역 근처의 가게 안내가 광고로 날아오고, 난데없이 '비가 옵니다. 콜택시 불러 드릴까요?' 라는 문자 메시지가 뜨기도 한다.

문명이 선사하는 탁월한 기동성은 결국 거대한 시스템 속에서 향유되고 있는 셈이다. 무선이 허락한 자유는 고도로 통합된 기계 장치에 의해 관리되고 있다. 일상의 구석구석에 파고들면서 지구촌 전체로 확대되는 유비쿼터스 네트워크, 그 촘촘한 그물은 마음이 오가는 말길인 동시에 신체를 가두는 밧줄이 아닐까.

시간의 자유를 얻으니

어느 114 안내원이 실제로 겪은 일이다. "안녕하십니까. 어떤 번호를 안내해 드릴까요?" 고객이 말했다. "조금 더 빠르게요." 안내원은 자기의 말이 너무 느려 고객이 불만인 줄 알고 조금 더 빠르게 말했다. 그런데 고객은 똑같은 말을 되풀이한다. "조금 더 빠르게요." 안내원은 화가 났지만 꾹 참고 조금 더 빠르게 말을 했다. 그랬더니 고객이 하는 말. "아니요. 가게 이름이 '조금 더 빠르게'라니까요." '조금 더 빠르게', 그 가게는 필경 음식점 아니면 배달 전문 업체였을 것이다.

속도가 곧 경쟁력인 시대다. 소비자들은 갈수록 '퀵 서비스'를 바라기 때문이다. 도로를 종횡무진 질주하는 배송 오토바이들은 점점 숨 가빠지는 우리의 일상을 보여 준다. 모든 업무의 처리 속도가 가파르게 상승하고, '많이 바쁘시죠?' 라는 말이 자연스러운 인사가 되었다. '조금 더 빠르게' 라는 요구는 급기야 바둑의 세계까지 영향을 미치고 있다. 최근 한국에서는 10~20분 내에 게임을 끝내는 속기(速棋)가 일반화되면서, 아직도 2~3시간의 제한 시간을 유지하면서 장고(長考)를 요하는 국제 바둑계에서 경쟁력이 떨어진다는 비판이 일고 있다.

인간의 시간 감각은 미디어의 발달과 함께 가속화되어왔다. 모든 기별을 편지로 주고받던 시절, 답장이 오기까지 일주일 이상 걸리는 것은 보통이었다. 방송에서 어떤 음악을 신청하여 들으려면 열흘 정도 전에 엽서를 띄워야 담당자들이 무리 없이 선곡할 수 있었다. 사진을 찍으면 현상되어 나오기까지 며칠이 걸렸다. 그런데 지금 이메일은 하루에도 수십 차례 교환될 수 있고, 음악 신청도 인터넷을 통해 하루나 이틀 전 또는 방송 진행 중에도 이루어진다. 사진도 디지털카메라로 촬영하면 곧바로 결과를 볼 수 있다.

휴대전화는 빨리 빨리 증후군을 한결 재촉한다. 예전에 일반전

화만 있었을 때는 어떤 사람과 통화가 이루어지는 데 며칠씩 걸리
는 일이 흔했다. 상대방이 사무실이나 집에 없을 때 전화하면 어쩔
수가 없었다. 그런데 휴대전화의 경우 여러 차례 전화를 하다가 이
윽고 통화가 되면 비록 한나절밖에 지나지 않았는데도 '왜 이렇게
통화하기가 힘드냐?'고 푸념을 늘어놓기 일쑤다. 휴대전화가 필수
품이 된 지금, 사람들은 언제든 통화가 되어야 한다고 암묵적으로
기대한다.

　문자 메시지는 이메일보다 훨씬 즉각적인 소통을 유발한다. 몇
초 안에 짧은 문장을 작성하여 발신할 뿐 아니라 그에 대한 회신도
곧장 오기를 기대한다. 10분 정도가 지나도 답이 오지 않으면 '씹
혔다'고 판단한다. 가능한 한 재빠른 응답(quick back)을 요구한
다. 특정 방송에 음악을 신청할 때도 문자 메시지로 보내면 몇 분
후에 들을 수 있다. 어떤 사진을 찍어서 곧바로 친구에게 보내거나
자기 블로그에 올릴 수 있다. 인스턴트식품과 패스트푸드만이 아
니라 '인스턴트 메시지'와 '패스트 컴'(컴은 커뮤니케이션의 약
어)에도 점점 익숙해지고 있다.

　휴대전화가 보편화되면서 약속 문화에도 큰 변화가 생겼다. 예
나 지금이나 '코리안 타임'은 크게 달라지지 않았다. 그러나 기다
리는 답답함은 크게 줄었다. 늦는 사람이 그 사유와 도착 예정 시
각을 즉각 알려 주거나, 기다리는 쪽에서 먼저 전화를 걸어 확인할
수 있기 때문이다. "커피 한 잔을 시켜놓고 그대 오기를 기다려 봐
도, 웬일인지 오지를 않네. 내 속을 태우는구려. 8분이 지나고 9분
이 오네. 1분만 지나면 나는 가요. 난 정말 그대를 사랑해. 내 속을
태우는구려." 1960년대에 나온 노래 「커피 한 잔」에 나오는 풍경
은 흘러간 추억이 되었다.

이제는 시계가 고장 났다거나 안 맞았다거나 하는 핑계도 통하지 않는다. 휴대전화에 내장된 시계는 전원을 켤 때마다 기지국을 통해서 정확한 시간을 전송받는다. 그러므로 모든 사람들은 거의 완벽하게 똑같은 시계를 공유하는 셈이다. 그렇다고 해서 1초의 오차도 없이 약속 시간을 지켜야 하는 것은 아니다. 오히려 언제든 통화가 가능하기에 사정이 여의치 않다 싶으면 약속된 시간에 얽매이지 않고 수시로 약속 시간을 조정할 수 있다. 그렇듯 실시간으로 미세 조정(real time micro coordination)을 하는 것을 가리켜 영어권에서는 'approximeeting'('근접한'이라는 뜻의 approximate와 meeting의 합성어)이라는 말이 등장하기도 했다.

융통성이 발휘되는 대상은 시간만이 아니다. 휴대전화가 생기면서 사람들은 약속 장소를 정확하게 기억하거나 메모하지 않는 경향이 생겼다. 못 찾으면 전화해서 물어 보면 된다는 심리가 작용한 것이다. 실제로 커피숍 같은 데 앉아 있다 보면 약속 장소를 확인하는 통화가 빈번하게 이루어진다. 그리고 약속 장소를 찾기가 힘들면 즉석에서 변경하기도 한다.

이러한 유연성은 한편으로 불안정성을 내포하고 있다. 예전에는 약속을 하면 기다리는 사람이 답답해할 것을 염려해 최대한 늦지 않으려 노력했다. 그러나 이제는 조금 기다리라고 연락할 수 있으니 옛날만큼 초조해하지 않는다. 또한 예전에는 약속을 취소하기가 쉽지 않았다. 그러나 이제는 언제든 통화가 가능해 약속 시간 직전에 만남을 취소하기도 한다. 불확실성은 거대한 세상뿐만이 아니라 우리의 소소한 일상에서도 경험된다. 많은 것이 유동적이고 예측 불가능하다.

다른 한편 커뮤니케이션의 속도가 빨라지면서 그 내용의 밀도는

떨어진다. 편지보다 이메일이, 이메일보다 문자 메시지가 더욱 인
스턴트한 메시지를 담는다. 즉흥적으로 주고받는 소통에서 뜸 들
여 빚어내는 언어의 자리는 비좁다. 현란하게 깜빡이는 전자 신호
에 휘말리기 쉬운 두뇌의 고삐를 잡지 않으면 우리는 짤막하고 얄
팍한 생각들만 속절없이 쏟아내는 단세포 동물이 되어 버릴 것이
다. 모바일 디지털 시대에 인간의 마음은 중대한 도전에 직면하고
있다.

chapter 2

소통의 기술

소통의 기술

목소리의 힘

외로운 여자들은

결코 울리지 않는 전화통이 울리길 기다린다

그보다 더 외로운 여자들은

결코 울리지 않던 전화통이

갑자기 울릴 때 자지러질 듯 놀란다

그보다 더 외로운 여자들은

결코 울리지 않던 전화통이 갑자기 울릴까봐

그리고 그 순간에 자기 심장이 멈출까봐 두려워한다

그보다 더 외로운 여자들은

지상의 모든 애인들이 한꺼번에 전화할 때

잠든 체하고 있거나 잠들어 있다.

—최승자, 「외로운 여자들은」

1920년대의 유행가에 '전화 곁에서 나 홀로, 단 혼자서 외로운 마음'이라는 가사가 있다. 전화는 왜 고독한 느낌을 불러일으키는 것일까. 나와 상관없는 전화인지 알면서도 전화벨이 울리면 왜 내

따분한 오후 무엇을 해야 할지 몰라 몸을 비비 틀어대는 시간에 갑자기 울리는 전화벨은 반갑기 그지없다. 누군가가 나를 찾는다는 것만으로도 기쁘다. 입사 시험을 치르고 나서 합격자 통보를 전해 주는 전화는 짜릿한 전율을 불러일으킨다. 그렇듯 애타게 전화를 기다리는 이들은 많다. 소개팅 상대가 마음에 들었는데 그쪽에서 연락이 오기를 학수고대하는 젊은이, 일감 주문을 기다리는 퀵서비스맨, 자녀의 안부 전화 받는 즐거움으로 하루하루를 견디는 노부모, 친구가 여행을 떠난 곳에 큰 재난이 났는데 제발 그가 안전하다는 소식이 오기를 가슴 졸이며 기다리는 친구, 개각 때 혹시 장관으로 호출되지 않을까 전화통 옆을 떠나지 못하는 정치인.

그런가 하면 전화벨이 싫은 사람들도 많다. 밤낮으로 빚 독촉에 시달리는 채무자, 일요일인데도 직장 상사에게 업무와 관련하여 계속 전화를 받고 처리를 해주어야 하는 직원, 주민들의 불평과 항의를 온몸으로 받아야 하는 민원 담당 공무원, 소비자들의 원성과 고함에도 깍듯하게 응대해야 하는 고객센터 전화 상담원, 늘 피곤한 몸으로 언제 출동해야 할지 모르는 119 소방대원. 그렇듯 전화의 내용 자체가 짜증나는 것이 아니라 해도 전화가 울려 일상의 고요한 흐름을 깨는 것이 싫은 사람도 있을 것이다.

　전화는 멀리 있는 사람들끼리 실시간으로 연결해 주는 것뿐만
아니라, 서로의 얼굴을 보지 않고서도 대화를 할 수 있게 해준다는
점에서 인류의 역사에서 매우 획기적인 미디어라 할 수 있다. 전화
는 목소리만으로 소통하는 미디어다. 그러다 보니 항의 전화 같은
것을 할 때는 막말을 쉽게 해댄다. 얼굴을 마주하고 있다면 감히
하지 못할 험한 욕설을 퍼붓는다. 그리고 그나마 그 목소리마저 없
는 인터넷 게시판에서는 완전한 익명이 보장되기에 훨씬 더 심한
폭언들이 오간다.

　다른 한편 그런 윤리적인 차원을 떠나 전화에서는 얼굴과 몸짓
이라는 중요한 언어가 생략되어 있기에 그만큼 불편함도 크다. 전
화를 할 때 손을 무의식적으로 움직이는 경우가 많은데, 인간은 오
랫동안 손동작을 언어 기능에 연동시켜 메시지를 완성해가는 습관
이 있기 때문이다(동시통역사나 성우들도 말을 하면서 손을 열심

히 움직인다). 심지어 전화를 하면서 고개 숙여 인사까지 하는 경우도 있다.

그러한 보조 기능이 없이 소통하는 어려움은 외국어로 전화할 때 새삼 절감한다. 외국어에서는 특히 몸짓언어가 중요하다. 눈을 마주보며 이야기할 때는 여러 가지 맥락을 공유할 수 있고, 정확한 단어가 생각나지 않는 부분은 그야말로 손짓 발짓으로 표현할 수 있다. 그리고 상대방의 말을 잘 이해하기 어려울 때도 표정으로 그 사정을 알릴 수 있다. 그런데 전화로 이야기할 때는 오로지 말로만 의사를 전달해야 하기에 웬만큼 능숙하지 않으면 외국어로 통화하는 것이 곤혹스럽다. 외국어가 아니라 해도 전화 통화는 얼굴을 마주보고 하는 대화보다 훨씬 많은 집중력을 요구한다. 목소리 이외에 다른 정보나 단서가 없기 때문이다.

보이는 것이 없이 소리만 들리는 것은 신비하게 느껴질 수 있다. 소리가 없이 영상만으로 귀신 영화를 만드는 것은 어렵지만 영상이 없는 라디오극으로 공포 드라마를 만들어내는 것은 얼마든지 가능하다. 전화 통화에서도 비슷한 효과가 있을 수 있다. 청자가 오로지 목소리에만 집중하기에, 그것을 어떻게 연출하느냐에 따라 엄청난 힘을 발휘하는 것이다. 아이를 유괴한 범인이 협박하면서 돈을 요구할 때 '그놈 목소리'는 피를 말린다. 한때 기승을 부렸던 보이스 피싱(voice phishing)이라는 범죄도 바로 목소리를 함정으로 악용한 것이라 할 수 있다. 보이스 피싱이란 전화를 이용해 송금을 요구하거나 개인 정보를 수집하는 신종 금융사기 수법인데, 여기에서 'phishing'이란 'private data'와 'fishing'의 합성어로서 사생활에 관련된 데이터를 낚는다는 뜻이다.

물론 전화 목소리를 긍정적으로 활용하는 경우도 많다. 통신 장치를 활용하여 원거리에 있는 소비자에게 상품이나 서비스를 판매하는 텔레마케팅이 그것인데, 지금은 컴퓨터로도 많이 하지만 그 원조는 전화다. 휴대폰이 필수품이 되면서 전화 텔레마케팅의 영역은 점점 넓어지고 있다. 새로운 보험 상품이 나왔으니 가입해 보라거나 각종 특혜를 나열하면서 신용카드 신청을 권유하는 전화가 종종 걸려온다. 바쁠 때는 짜증나는 전화지만 고객의 박대에도 아랑곳하지 않고 하루 종일 상냥한 목소리로 청산유수처럼 상품을 홍보해야 하는 텔레마케터의 '감정 노동'은 말할 수 없이 버겁다.

전화로 수행하는 업무는 대부분 여자들의 몫이다. 텔레마케터뿐만 아니라 전화상담원이나 비서 등도 거의 여성들이 맡는다. 만일 남자가 한다면? 1990년대 초에 부산 114안내에서 남자 안내원을 몇 명 고용한 적이 있었다. 그런데 그들은 업무를 수행하면서 남자이기 때문에 다소 어려움을 겪어야 했다. 114안내를 걸면 늘 여자가 전화를 받는 데 익숙해 있는 고객들이 남자 목소리에 멈칫하면서 당황하는 경우가 많았기 때문이다. "안녕하세요. 고객님. 어떤 번호를 알려 드릴까요?"라는 말에 어떤 남성은 태연하게 "아가씨 좀 바꿔주세요"라고 하기도 했다. 남자 안내원이 자신이 안내원이라고 했더니 그는 대뜸 짜증을 내면서 "왜 남자가 그런 일을 하느냐"고 했다고 한다.

안내하는 직종이 젊은 여성들에게 집중되는 것은 어느 사회나 거의 공통된 현상이다. 젠더와 권력의 관계라는 관점에서도 접근할 수 있는 문제인데, 여성의 나긋하고 아리따운 목소리는 상대방의 마음을 누그러뜨리면서 정보를 효과적으로 전달하는 것으로 여겨진다. 전화로 고객을 상대하는 안내원들의 경우 거울을 보면서 일하도록 하는 경우가 종종 있다고 한다. 사람이 거울을 볼 때 찡 그런 표정은 짓지 않는다는 점에 착안한 조치다. 그것도 모자라 요즘에는 114 안내원이 처음 전화를 받자마자 '고객님 사랑합니다'라고 말한다. 감정 노동의 강도는 한없이 혹독해지고 있다.

기술과 욕망의 변주곡

과연 어떤 기업이 세계 최초로 휴대전화 기술을 개발했을까요? 바로 AT&T예요. 1980년에 기술을 개발했지만 오늘날 이 회사는 휴대전화를 팔지 않죠! 왜 이렇게 됐을까요? AT&T 직원들은 휴대전화 기술을 개발한 후 '설마 이런 물건을 사람들이 주머니 안에 넣고 다니겠어? 누가 길거리를 걸으면서 전화를 하고 싶어 할까' 생각했죠. 그래서 그들은 다른 기업에 싼값으로 기술 라이선스를 팔았어요. 바로 모토로라에!

—"그의 상상이 곧 미래다: 내일을 사는 남자 슈워츠",

「조선일보」, 2007. 9. 1.

사람은 호기심이 많은 동물이다. 그런데 그 궁금증의 대상은 외부 세계만이 아니다. 인간은 바로 자기 자신에 대해서 끊임없이 탐구하면서 방대한 지식을 축적해왔다. 하지만 인간은 아직 자신의 정체에 대해 잘 모른다. 철학적 차원에서는 물론이거니와 매우 단순하고 즉물적인 욕망조차도 제대로 파악하지 못한다. 휴대전화 기술을 개발하고 그런 장치가 사람들에게 외면당할 것이라고 생각해 상품화시키지 않은 AT&T는 참으로 어리석어 보인다. 그들의 실수는 그것만이 아니었다. 슈워츠에 따르면 AT&T는 1978년과 1987년 미국 정부에게서 인터넷을 운영해 달라는 제안을 받았다. 하지만 그 회사는 '인터넷, 누가 쓰겠어? 과학자들이나 컴퓨터 전문가들이나 쓰는 거 골치 아프게 운영해서 뭐해?'라고 판단하고 거절했다. 이렇듯 세상이 바뀌고 나면 당연해 보이지만 그 전에는 열길 물 속만큼이나 간파하기 어려운 것이 인간의 삶과 사회다.

조금 다른 예를 들자면 뮤직 비디오 전문 채널인 MTV 사업이 처음 제안되었을 때 크게 비웃음을 샀다는 것은 잘 알려진 이야기다. 음악을 귀로 듣지 않고 텔레비전으로 보고 앉아 있을 사람이 어디에 있겠느냐는 것이었다. 그러나 그런 조롱에도 아랑곳하지 않고 밀어붙인 결과 블루오션을 장악했다. 한때 한국에서 청소년들 사이에 선풍적인 인기를 끌었던 디디알(DDR)의 아이디어가 처음 일본에서 나왔을 때도 사람들의 반응은 매우 회의적이었다. 하지만 막상 뚜껑을 열어 보니 대박이었다. 각 영역의 베스트셀러에는 그런 사연을 가진 경우가 많다. 『해리포터』처럼 처음에는 출판사에게 거절당했던 문학작품들은 이루 헤아릴 수 없을 만큼 많다.

다시 휴대전화 이야기로 돌아와 한국의 경우를 살펴보자. 한국전기통신공사의 자회사로서 한국이동통신이 처음 생긴 때는 1984년이었다. 당시 꾸준히 수요가 늘어나던 차량전화 서비스 보급에 본격적으로 나선 것이다. 그런데 당시 한국통신 직원들은 자회사 배치를 모두 기피했다고 한다. 그도 그럴 것이 기술 수준이나 가입자 규모가 아직 미미한 수준이었고, 그 비싼 전화기와 통신 요금을 감안할 때 시장 확대 가능성은 매우 희박해 보였기 때문이다. 이동통신이 황금알을 낳는 거위로 급격히 진화한 지난 10

여 년을 생각하면 격세지감이 느껴진다.

휴대전화가 본격적으로 대중화되기 시작한 1990년대 말, 전문가들은 한국에서 가입자가 최대 2,200만 대 정도 될 것으로 예상했다. 그런데 급속도로 수요가 확대되어 어느덧 4,000만 대를 훌쩍 넘어섰다. 어디에서 이 엄청난 오차가 생겼을까? 청소년들을 계산에 넣지 않았던 것이다. 그리고 대학생들도 일부만 소지할 것으로 보았다. 그들은 당시 필수품으로 정착되어 있던 삐삐 정도에 만족할 줄 알았다. 그런데 웬걸, 얼마 지나지 않아 휴대전화가 없으면 또래 관계를 맺기 어려운 상황이 되었다. 물론 거기에는 단말기 보조금이라는 변칙적인 제도가 뒷받침된 것도 사실이다.

예상 밖의 사태는 더 있었다. 초기 휴대전화 개발자들은 문자 메시지 기능을 아주 미미한 보조 기능으로 생각했다. 몇 마디면 간단하게 끝날 통화를 누가 귀찮게 버튼을 복잡하게 눌러가면서 문자를 입력하겠는가. 그래서 아마 정부도 자판의 표준화에 신경을 쓰지 않았던 것 같다. 그런데 청소년들 사이에서 문자 메시지는 직접적인 통화보다 더 중요한 매체가 되었다. 물론 빠듯한 용돈에 통화료를 한 푼이라도 줄여야 하는 부담이 문자 메시지 사용을 활성화한 측면도 있다. 그러나 그 이면에는 훨씬 더 중요한 이유들이 숨어 있다. 그에 대해서는 나중에 따로 집중적으로 논의하기로 한다.

문자 메시지와 관련해 또 한 가지 흥미로운 사태가 벌어졌다. 초기 휴대전화 디자이너들은 엄지가 그렇게 집중적으로 사용될 것이라고 생각하지 못했다. 기존의 전화기에서는 다이얼을 돌리든 버튼을 누르든 검지를 사용했기 때문에 특별히 다른 손가락에 주의를 기울이지 못한 것이다. 그런데 막상 휴대폰이 나오자 소비자들은 자연스럽게 엄지를 사용했고, 그래서 자판의 배열을 엄지의 움직임을 따라 곡선으로 양끝이 약간 휘어져 올라가도록 한 디자인이 등장했다.

휴대전화는 워크맨이나 텔레비전 등 다른 미디어에 비해 사용자의 창조성이 개입할 여지가 매우 큰 기계장치다. 그리고 국가에 따라 그 쓰임새가 조금씩 다르게 나타난다. 그만큼 그 사회의 문화와 밀접하게 맞물려 영향을 받을 뿐 아니라 휴대전화 자체가 새로운 문화를 창출하기도 한다. 휴대전화는 이제 단순한 기계가 아니라 사람의 마음을 담아내고 빚어내는 장난감이 되었다.

휴대전화와 인터넷은 비슷한 성장 경로를 거쳐 왔다고 볼 수 있다. 군사 영역에서 고도로 집중 개발된 통신 기술의 성과가 산업 영역에서 유용한 도구로 사용되고, 거기에서 더 나아가 놀이와 여가의 세계에서 필수적인 매체가 된 것이다. 그것은 마치 전쟁 기술인 사격이 스포츠로 전환되고, 생계를 위해 고안된 농사가 원예라는 취미가 되고, 화물 운반용으로 개발된 기차가 여행의 수단이 된 것과 비슷하다.

인간의 욕망은 호출되기 전까지는 숨어서 좀처럼 자각되지 않는다. 20세기 전자 산업의 신화를 이룩했던 소니의 경우 제품 개발을 할 때 서베이에 의존하지 않았다고 한다. 사람들에게 물어봐서 대답이 나오는 것이라면 이미 새로운 것이 될 수 없기 때문이라는 판단에서다. 소비자들이 전혀 생각하지도 못한 그 무엇을 상상해낼 때 히트 상품이 된다는 것이다. 지금 휴대전화의 혁신은 기술적인 진보와 함께 인간에 대한 발견이 함께 맞물려 이루어지고 있다. 5년 뒤, 10년 뒤의 휴대전화는 지금 우리가 사용하는 것과 전혀 다른 모습이 될 것이 분명하다. 10년 전에 상상하지 못했던 휴대전화를 지금 너무나 당연하게 사용하고 있듯이 말이다. 휴대전화는 인간의 욕망, 그 복잡한 심층을 집요하게 탐구하고 있다.

인류, 엄지를 재발견하다

청소년들 가운데 여름방학에 짬을 내어 사찰을 찾는 아이들이 있다. 정서 안정을 도모하고 집중력을 향상시키기 위해, 또는 그것을 바라는 부모들의 권유로 오는 것이다. 그들은 일주일 정도 절간에 머물러 수도 생활을 하면서 잡다한 생각을 지우고 심신을 닦는다. 평소 익숙해 있던 습관을 버리고 스님의 일상 리듬을 따라 하루를 지내야 하기 때문에 불편하고 괴로운 것이 한두 가지가 아니다. 특히 컴퓨터나 텔레비전을 일체 볼 수 없어서 좀이 쑤시고, 휴대폰은 아예 손에 쥘 수도 없는 환경에서 마음이 자못 허전할 것이다. 눈을 지그시 감고 참선하는 시간에 쏟아지는 졸음보다 싸우기 어려운 것은 온갖 번뇌와 망상일 듯싶다.

한 시사 프로그램에서 청소년들의 템플 스테이를 다룬 것을 보았는데, 아이들이 참선하는 장면에서 촬영 기자가 매우 재미있는 순간 하나를 포착했다. 참선을 할 때 책상다리를 하고 앉아 양손을 앞으로 모아 손가락을 끼면 양손의 엄지가 서로 맞닿게 된다. 영상에 등장한 청소년들도 바로 그런 모습으로 앉아 있었는데, 그 엄지들이 따로 떨어져서 각각 빙글빙글 돌아가고 있었다. 다름 아니라 휴대폰 문자 메시지를 보내는 시늉인 것이다. 세속의 삶을 잊고 깊은 휴식과 명상을 위해 고요한 산사(山寺)에 왔건만 거기에서도 누군가와 문자로 대화를 나누고 싶어 하는 모습이 귀여우면서도 안쓰럽게 느껴졌다.

　인간의 모든 도구가 그러하듯 전화라는 기계도 손으로 조작하는 것이다. 인간이 생물학적으로 취약한데도 이른바 만물의 영장이 될 수 있었던 비결은 손을 능숙하게 사용하는 능력에 있다. 사람은 완전한 직립보행을 하면서 완전히 자유로워진 앞발(즉 양손)을 가지고 다양한 도구를 만들고 활용하게 된 것이다. 당신의 손을 가만히 들여다보라. 만일 손이 없거나 자유롭지 않다면 생활에 얼마나 큰 지장이 있을까. 우리가 당연하게 누리는 수많은 도구들은 거의 다 양손의 자유로운 움직임을 전제로 하고 있다. 그래서 어쩌다가 손을 다쳐 마음대로 사용하지 못하면 그 많은 문명의 이기들이 무용지물이 되어 버린다. 『오체불만족』을 쓴 오토다케는 그래서 위대한 것이다. 그러나 그의 그런 기적 같은 인간 승리도 주변 사람들의 손이 없으면 불가능하다. 인체의 206개 뼈 가운데 4분의 1이 손에 있고, 뇌신경 세포의 30퍼센트가 손에 연결되어 있다는 사실에서 알 수 있듯이, 운동 중추 발달에 손은 매우 중요한 역할을 한다. 로봇 개발에서 결정적 관건이 되는 것도 손을 얼마나 인간과 비슷하게 움직이도록 만들 수 있는가다.

　인간의 손이 탁월한 힘을 발휘하는 것은 손가락에 달려 있다. 만일 한 손에 손가락이 두세 개밖에 없다면 우리의 문명은 훨씬 열악했을 것이다. 두 손가락으로 피아노를 치는 소녀 '희야' 만큼 피나는 노력을 하는 사람들만이 지금의 편리함을 누릴 수 있으리라. 우리에게 손가락이 열 개가 주어졌다는 것은 큰 축복이 아닐 수 없다. 미각의 즐거움을 충족시키는 다채로운 요리, 지식을 전승하면서 발전시킨 방대한 기록(특히 타자기나 컴퓨터 자판을 두드리는 빠른 손놀림), 형형색색의 멜로디를 자아내는 악기 연주, 세상과 마음을 또 다른 상상계로 표상해 주는 그림, 몸과 마음을 편안하게 해주는 마사지와 치료, 애정을 표시하는 포옹과 애무. 이 모든 것이 손가락의 정교한 움직임이 아니면 불가능하다.

그렇다면 여기에서 손가락을 하나씩 살펴보자. 인류가 문명을 꽃피우는 데 어느 손가락이 가장 크게 기여했을까? 또 우리의 일상생활에서 가장 중요한 역할을 하는 손가락은 무엇일까? 얼핏 생각하면 검지나 중지를 고르기 쉽다. 사실 손가락 전체의 중추적인 역할을 맡고 있다는 점에서 그들의 쓰임새는 매우 크고 긴요하다. 그러나 그들보다 더욱 비중이 있는 것은 엄지다. 과학자들의 연구에 따르면 손가락의 중요도는 엄지 50퍼센트, 검지 20퍼센트, 나머지 10퍼센트다. 엄지는 다섯 손가락 가운데 가장 굵고 짧다. 그래서 가장 힘이 세기는 하지만 왠지 둔탁해 보인다. 그래서 영어에는 '손재주가 전혀 없다' 라는 뜻으로 'be all thumbs' 라는 표현이 있다. 그러나 엄지가 들으면 매우 억울해 할 말이다. 그것은 엄지의 기능을 제대로 인식하지 못한 채 막연한 이미지로 만들어진 말일 뿐이다.

엄지가 얼마나 중요한지는 몇 가지 실험으로 금방 확인할 수 있다. 엄지를 사용하지 말고 한 손으로 단추를 풀었다 다시 끼워 보자. 또는 엄지 없이 양손의 나머지 손가락들로 구두끈을 풀었다 다시 매어 보자. 거의 불가능할 정도다. 또한 망치에서 톱 그리고 드라이버 등 수많은 공구들이 엄지를 전제로 만들어져 있다. 만일 엄지가 없으면 나머지 손가락들이 제 기능을 하기 어렵다. 왜 그럴까? 엄지는 운동 범위가 가장 넓다. 손가락들을 가지고 각각 원을 그려 보면 금방 알 수 있다. 엄지가 가장 커다란 원을 그린다. 그리고 유일하게 다른 네 손가락들과 정면으로 만날 수 있다. 인간의 손이 다른 유인원들의 그것과 구별되는 해부학적인 특징은 바로 그렇듯 둥그렇게 움켜쥘 수 있는 동작(grip)이 가능한 데 있다. 돌도끼에서 자동차 운전대에 이르기까지 테크놀로지의 개발과 활용은 엄지의 절대적인 역할에 의지하고 있다고 할 수 있다.

수렵채취에서 농경 그리고 산업 사회에 이르기까지 인간의 노동에는 완력이 많이 요구되었기에 엄지가 큰 몫을 해냈지만 미디어가 발달하고 정보화 시대로 접어들면서 다른 손가락들의 중요성이 드러나기 시작했다. 타자기가 발명되면서 엄지보다 다른 손가락들의 역할이 커졌고, 컴퓨터 자판을 두드리는 일이 일상화되면서 그들은 점점 분주해지고 있다. 그 가운데서 오른쪽 검지는 또 하나의 특별한 임무를 부여받았는데, 바로 마우스 클릭이다. 빌 게이츠가 내세운 비전인 '당신의 손끝에서 모든 정보를(Information At Your Fingertips)'이라는 모토를 들으면서 우리는 자연스럽게 그 '손끝'을 검지로 연상한다.

컴퓨터 작업에서 그 다음으로 중요한 역할을 하는 것이 중지인데, 마우스의 오른쪽 버튼을 누르고 자판에서 엔터키나 백스페이스키를 누르는 일은 모두 중지의 몫이다. 또한 나머지 약지와 새끼손가락도 그 어느 시대보다도 쓰임새가 커졌다. 이렇듯 정보화 시대에 접어들어 엄지 이외의 여덟 손가락들은 새로운 존재 의미를 찾게 된 것이다. '디지털'의 어원인 'DIGIT'는 바로 손가락을 뜻하는데, 숫자를 헤아리는 행위를 은유한 것이었지만 지금 새삼스러운 의미로 재생되고 있는 듯하다.

그렇다면 이제 엄지의 전성기는 끝난 것일까. 그렇지 않다. 21세기에 들어와서 엄지는 새롭게 발견되고 있다. 컴퓨터 자판에서

스페이스 바를 두드릴 때뿐만이 아니다. 그것 못지않게 또는 그보다 훨씬 중요한 역할이 있는데, 바로 휴대폰의 문자 메시지 발송에서 각광을 받고 있는 것이다. 지금까지 엄지는 다른 손가락들을 보이지 않게 지지해 주고 연합시켜 주는 몫을 담당한 데 비해, 휴대폰에서는 엄지가 단독으로 탁월한 기능을 발휘하고 있다. 그래서 '엄지족'이라는 말이 생기기도 했다.

휴대폰의 버튼을 누를 때 엄지를 사용하는 것은 그 구조적 특성 때문이다. 위에서 언급했듯이 다른 손가락들을 마주칠 수 있는 위치에 있기 때문에 휴대폰을 움켜쥐고 자판을 두드리는 데 안성맞춤인 것이다. 그 굵은 손가락이 상하좌우로 신속하게 움직일 수 있는 비결은 무엇일까? 다시 한 번 엄지와 다른 손가락들을 유심히 관찰하며 비교해 보자. 엄지는 가장 짧아 보이지만 사실은 가장 길다. 다른 손가락들은 손바닥 끝에서 시작되지만 엄지는 손목에서 시작되기 때문이다. 그래서 관절이 하나가 적은 듯하지만 똑같이 세 개로 구성되어 있다. 그리고 다른 손가락과 멀찌감치 떨어져 있어 운신의 폭이 매우 넓다. 바로 그러한 특징이 휴대폰의 시대에 들어와 제 세상을 만난 셈이다. 몇 백만 년을 기다려 그 진가가 발견된 것이다. 조물주는 일찌감치 휴대폰 발명을 염두에 두고 인간의 손을 그렇게 만든 게 아닐까.

휴대폰족들에게 손가락은 입만큼 또는 그 이상으로 중요한 의사소통 수단이다. 그런데 흥미롭게도 입과 손가락은 매우 밀접한 연관이 있다. 그래서 어릴 때 손으로 뭔가를 만드는 경험은 언어 발달에 도움이 된다. 어른이 되어서도 말할 때 손을 여러 가지 모양으로 움직이면서 보조적인 신호를 보내는데 심지어 전화를 하면서도 그렇게 하는 경우가 많다. 그렇듯 긴밀하게 맞물려 있는 손과

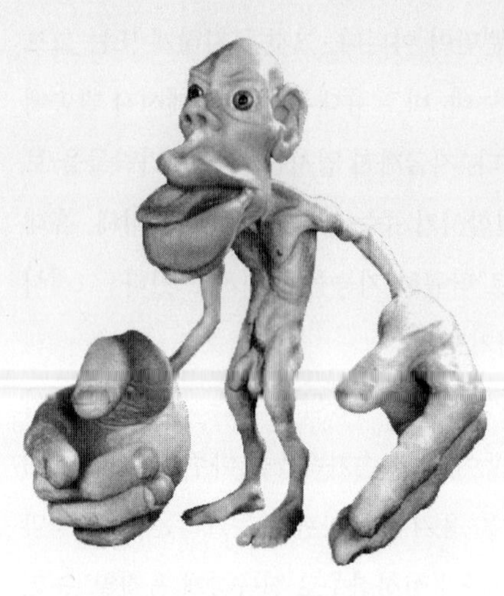

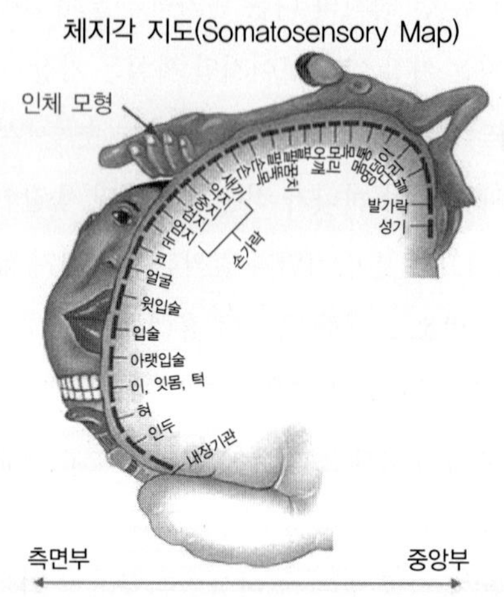

체지각 지도(Somatosensory Map)

입은 두뇌에서 차지하는 비중도 크다. 다음 그림은 캐나다의 뇌 과
학자 윌더 펜필드(Wilder Penfield)가 1950년대에 작성한 것으로,
사람의 뇌에서 각 신체의 부위별로 얼마나 긴밀하게 연결되어 있
는가를 나타내고 있다. 입과 손이 실제보다 훨씬 크게 그려져 있

다. 자그마한 기관이지만 그것을 작동하는 데 관여하는 뇌세포는 엄청나게 많다는 것을 보여 준다.

손이 큰 서양인에 비해 동양인은 휴대폰 문자 메시지를 보내는 데 유리하다. 실제로 일본이나 필리핀에서는 통화보다 문자를 더 많이 쓴다. 특히 한국인들은 손재주가 뛰어나다. 예를 들어 손가락과 눈으로 병아리의 암수를 구별하는 감별사의 경우 그 어느 나라도 한국인 감별사들의 정확성을 따라오지 못한다. 또한 지금 세계적인 수준을 자랑하는 조선 산업의 경쟁력도 상당 부분 용접공들의 노련한 손재주 덕분이라고 한다. 그런 기능공이 아니라 해도 한국인들은 일상생활에서 젓가락질을 통해 손재주를 훈련하고 가다듬는다. 그 정교한 감각이 휴대폰이라는 기기와 친화력을 갖는 듯하다.

인간의 신체는 도구와 밀접하게 맞물려 개발되어 왔다. 예를 들어 안경은 코와 귀의 구조를 이용해 쓰고 다니는 물건이다. 만일 그 두 기관이 없었으면 물안경처럼 고무줄로 매고 다녀야 할 것이다. 코와 귀가 그렇게 눈을 위해 봉사할 것이라고 옛 사람들은 상상하지 못했을 것이다. 인간의 신체에서 언젠가 전혀 예상하지 못했던 방식으로 사용될 부위가 또 있을지 모른다. 또는 테크놀로지 환경과 함께 변형될 수도 있으리라. 휴대폰 사용이 훨씬 늘어나면서 몇 만 년 뒤에는 인간의 엄지 끝부분이 매우 작아질지도 모른다는 진화론적 상상도 가능하지 않을까.

문자 메시지를 선호하는 일곱 가지 이유

"벌써 천국에 도착했네. 생각보다 가까워. 내가 가까이 있으니 너무 외로워하지들 말아……."

2007년 5월 스승의 날 대전 목원대 사회복지학과 학생 200여 명의 휴대전화에 도착한 문자 메시지다. 발신인은 암과 싸우다가 그 선 무에 타계한 심새호 교수였다. 몇몇 학생들이 이별의 슬픔을 담아 교수의 휴대전화에 애도의 글을 보냈는데 그에 대해 유가족이 이 같은 답문을 보냈고, 그 메시지를 받은 학생들이 여러 친구들에게 전달한 것이다. 이렇듯 휴대전화는 산 자와 죽은 자를 이어 주기도 한다. 문자로 대화를 나눌 수 있기에 가능한 일이다.

부수적인 기능으로 첨가된 문자 메시지는 어느덧 통화보다 더 많이 이용되고 있다. 2007년 현재 한국의 하루 평균 문자 메시지 전송 건수는 2억 6,700만 건이 넘는다. 1초에 3,090건의 메시지가 하늘을 날아다니는 셈이다. 엄청나게 많은 듯하지만 휴대전화 가입자가 4천만 명이 넘는 것을 감안하면 쉽게 짐작이 된다. 청소년들 가운데는 하루에 100건 이상 문자 메시지를 보내는 경우도 흔하다. 바야흐로 문자 세대(text generation)다. 영상의 시대를 맞아 활자 문화가 위축되고 있지만 다른 한편에서는 이렇듯 문자가 환영받고 있다. 그렇다면 문자 메시지의 매력은 무엇인가.

첫째는 경제성이다. 그야말로 '용건만 간단히' 소통할 수 있다. 통화의 경우 아무리 말을 짧게 해도 앞뒤에 인사말이나 빈말 같은 것을 나누다 보면 몇 십 초가 훌쩍 지나가 버린다. 그런데 문자 메시지는 그런 군더더기 없이 핵심만 전달하기 때문에 시간과 비용이 크게 절감된다. 게다가 대량 발송이 가능하다. 모임 알림, 부고

장, 비행기 결항 통보, 예비군 훈련 통지서처럼 똑같은 메시지를 여러 사람에게 동시에 보낼 수 있다. 그런가 하면 열차 티켓이나 현금영수증도 문자 메시지로 발급받을 수 있다.

둘째는 편리성이다. 전화 통화는 상대방과 실시간으로 연결되지 않으면 메시지를 전할 수 없다. 통화가 되지 않으면 몇 번이고 전화를 걸어야 한다. 그러나 문자 메시지는 그런 번거로움을 덜어 준다. 용건을 간단하게 보내거나 '연락 바랍니다' 라고 메모를 남겨 두면 상대방이 편한 시간에 전화를 걸거나 문자 메시지를 보내온다. 꼭 통화가 안 될 때만이 아니다. 상대방이 시간을 두고 생각한 다음 답할 수 있도록 배려할 때 문자 메시지는 안성맞춤이다.

셋째는 보안성이다. 음성 통화는 옆에 있는 사람들에게 모든 내용이 노출되지만 문자 메시지는 거의 완벽하게 감출 수 있다. 그래서 공공장소에서 주위에 폐를 끼치지 않고 통화할 때 매우 긴요하다. 청소년들은 부모의 감시망을 벗어나 친구와 소통할 수 있고, 심지어 수업 시간에 책상 밑에서 선생님 몰래 자판을 두드리기도 한다. 어떤 회사원은 업무 보고를 하다가 막히는 부분이 있으면 눈에 띄지 않게 재빨리 동료에게 SOS를 치기도 한다.

넷째는 시각성이다. 사람은 청각보다 시각에 더 민감하고 신속하게 반응한다. 귀로 듣는 말보다 눈으로 보는 글이 더 주의를 집중시키는 효과가 있다. 텔레비전의 뉴스나 시사 프로그램에서 인터뷰 장면을 보여 줄 때 화면 하단에 자막을 넣는 것도 그 때문이다. 청각 장애인만을 위한 배려가 아니다. 일반 시청자들도 그냥 귀로 들을 수 있는데도 자연스럽게 자막으로 눈이 간다. 화면 위에서 반짝이는 문자의 그러한 흡인력은 휴대전화에서도 비슷하게 작용한다.

다섯째는 창조성이다. 문자 메시지는 음성 통화보다 더 수고를 해야 한다. 손가락으로 일일이 버튼을 눌러가면서 문장을 만들어야 하기 때문이다. 번거로운 일이지만 바로 그렇기 때문에 정성이 들어간다. 그리고 말은 입에서 나오는 동시에 발신되어 버리지만 문자는 일단 작문을 마무리하고 '교열'까지 본 다음에 최종 발송 버튼을 누르게 된다. 그만큼 완성도가 높은 메시지를 보내기 때문에 창작의 즐거움이 있다.

여섯째는 친밀성이다. 감사함, 미안함, 축하, 격려, 기원 등 우리가 살아가면서 다른 사람에게 진심을 담아 전해야 할 말들이 있다. 그런데 한국인들은 마음은 있어도 그러한 정서를 말로 담아내는 데 익숙하지 못하다. 몸짓이나 표정 등을 섞어서 표현하는 것에는 더욱 미숙하다. 문자 메시지는 말로 하면 자칫 쑥스럽고 어색해질 수 있는 내용을 편안하게 전달하게 해준다. 글로 표현하기 어려운 것은 이모티콘이라는 기발한 상형문자로 보완할 수 있다.

일곱째는 긴장감이다. 말로 통화할 때는 질문과 대답이 즉시 오간다. 그런데 문자 메시지는 몇 십초 내지 몇 분, 때로는 몇 시간 후에 응답이 온다. 그것을 기다리는 동안의 공백은 은은한 긴장으로 체감된다. 특히 연인들 사이에 민감한 이야기를 주고받으면서 답문을 기다리는 시간은 간절하고 초조하다. 그러다가 '딩동' 하고 메시지가 도착하는 순간 가슴에도 반짝 불이 켜진다. 그 순간 휴대전화는 마치 생물체처럼 느껴진다. 그런 설렘이 문자 메시지의 매력이다. 문화평론가 이동연은 『문화부족의 사회』에서 그러한 느낌을 게임에 비유하여 설명한다.

문자 메시지로 소통하는 방식이 반복적으로 이루어지면 어느 순간에는 메시지의 내용은 중요하지 않고 메시지를 반복적으로 보내는 행위 그 자체가 중요해진다. (……) 상대방과의 대화에, 메시지를 전달하고 그 반응을 기다리는 일종의 '도전과 응수'라는 게임의 법칙이 등장한다. 가령 누군가에게 문자 메시지를 보낼 때 발신자는 수신자에게 자신의 제안에 대한 수신자의 의사를 알기 위해 도전한다. 메시지를 통해서 도전을 받은 수신자는 발신자에게 자신의 의사를 전달하면서 그 메시지에 응수를 하게 된다. 이러한 메시지의 교환 행위는 반복 행위를 통해서 발신자와 수신자가 서로 교체되면서 일종의 게임이 된다.

그런데 이따금 어떤 문자 메시지는 설렘은커녕 엄청난 당혹감을 안겨 주기도 한다. "귀하는 인사 규정 ○○조에 의거 ○월 ○일 부로 직위 해제되었음을 통보함." 일부 직장에서는 사원을 해고할 때 이렇게 싸늘한 문자 한 통으로 처리하기도 한다. 거대한 관료 체제가 발신하는 문자 메시지에는 마음에 대한 배려가 전혀 없다.

우리는 하루에도 수많은 문자를 주고받는다. 어떤 메시지는 오랫동안 보관되고 어떤 메시지는 곧바로 지워진다. '삭제할까요?' 휴대전화가 하루에 몇 번씩 건네는 질문에 당신은 '예'와 '아니오'의 어떤 버튼을 많이 누르는가. 매일 주고받은 문자 메시지들 가운데 의미 깊은 것들을 일기장에 옮겨 넣어두자. 먼 훗날 그것은 자신이 살아온 모습을 증언하는 발자국이 될 것이다. 거기에 묻어나는 타인들의 심정, 그 다채로운 빛깔들이 추억을 감쌀 것이다.

chapter 3

사회를 함축하는 회로

사회를 함축하는 회로

인간관계를 편집하다

먹이를 물고 오는 제비가 나는 자취
제비의 주파수를 생각한다

저들의 뇌에는 몇 가닥이나 저장되어 있을까
집과
새끼와
멀리 날아 온 고향
여기서 굳세게 살다
돌아가기에 충분한 정도

오른쪽 호주머니가 찌릿찌릿 울린다
무심코 손을 올리다 쑥스럽다

내 몸에 장착된 주파수만 믿고
휴대폰을 쓰지 않기로 한 다음날이었다

—고운기, 「금단」

이윽고 휴대전화에 유령이 출몰했다. 휴대전화에서 진동 신호를 느끼고 황급히 주머니에서 휴대전화를 꺼내지만 열어 보니 아무런 표시가 없다. 그러한 착각을 가리켜 '유령 진동 증후군(phantom vibration syndrome)'이라고 한다. 울리지도 않은 벨소리가 들리는 환청(phantom ringing syndrome)도 흔히 경험한다. 말하자면 뇌의 신경회로 깊숙이 휴대전화가 연결되어 있는 것이다.

지금까지 미디어는 시각과 청각에 관련된 도구로 발전되어 왔다. 그런데 휴대전화는 거기에 촉각의 요소가 가미된다. 한 손에 쏙 들어오는 소중한 물건, 애완동물을 쓰다듬듯이 심심할 때마다 만지작거리고 들여다보는 장난감이다. 한때 유행하던 다마고치와 비슷한 존재다. 생각해 보면 휴대전화도 동물처럼 움직이고 소리를 내고 반응하는 일종의 '생물'이 아닌가.

휴대전화는 나의 분신이다. 의복처럼 패션의 일부로 정착되어가고 있다. 나만의 고유한 착신음, 튜닝, 장식용 고리, 자신의 닉네임, 바탕화면 등을 입히고, 계절이나 기분에 따라 바꾼다. 이렇듯 철저하게 개별 사용자에게 맞춤형으로 제공되는(customized) 미디어는 아직까지 없었다. 휴대전화의 종류도 다양해 어쩌다가 다른 사람이 나와 똑같은 모델을 갖고 있으면 반가울 정도다. 또한 무려 700만 원이 넘는 고가의 휴대전화가 등장할 정도로 '럭셔리 마켓'도 형성되었다. 상품의 가치가 디자인으로 좌우되는 '패셔놀로지'

의 전형으로 자리 잡은 것이다.

휴대전화가 분신이라는 것은 그런 외형 때문만이 아니다. 그 안에 입력되어 있는 전화번호부는 나의 인간관계를 그대로 함축하고 있다. 그래서 휴대전화를 분실하면 단순히 기계를 잃어버린 것에 대한 아쉬움 이상으로, 연락의 통로가 일시에 두절되고 복구에 상당한 시간이 걸리는 불편함이 더 크게 다가온다. 아주 가까운 친구들끼리도 번호를 외우지 못할 뿐 아니라 따로 적어놓지도 않는 경우가 많기 때문이다. 그렇듯 휴대전화 안에는 그동안 맺어온 인맥의 지형이 고스란히 담겨 있다.

그래서 어느 은행에서는 신입사원을 선발하는 과정에서 휴대전화를 활용하기도 했다. 지원자들이 지인들에게 '나를 평가해 달라'는 문자 메시지를 보내도록 한 다음, 몇 통의 답문이 얼마만큼 빨리 왔는가를 측정하는 것이다. 10명 정도에게 보내면 8명 정도에게 한 시간 내에 회신이 와야 인간관계 영역에서 좋은 점수를 받을 수 있었다고 한다. 이른바 네트워크 지수(NQ), 재테크 못지않게 '네트테크'를 중요시하는 사회의 흐름을 잘 보여 주는 사례다.

가끔 이런 질문을 던져 본다. 휴대폰에 나의 전화번호를 저장하고 있는 사람은 몇 명일까? 그 숫자는 내 전화에 등록되어 있는 인원수보다 많을까 적을까? 이따금 난감한 문자 메시지를 받을 때가 있다. 메시지의 내용을 보건대 나를 잘 아는 사람이 보낸 것이 분명하다. 그런데 발신인은 자신의 이름이 당연히 내 전화기에서 자동으로 뜰 것으로 생각해 이름을 입력하지 않았다. 그럴 때는 일단 전화를 걸어 직접 통화를 시도한다. 그런데 어떤 때는 목소리를 듣고서도 누구인지 알 수가 없다. 누구냐고 물어 보면 섭섭해할까 봐 통화가 끝날 때까지 계속 아는 체를 하면서 이런저런 이야기를 둘러대야 할 때면 자못 당황스럽다.

그렇듯 메모리 다이얼 리스트는 친밀권(親密圈)을 객관적으로 가시화한다. 한 집단에 소속되어 있으면서도 모든 회원이 다른 회원들의 번호를 모두 자신의 휴대전화에 입력시켜 놓지 않는 경우가 많다. 그래서 뜻하지 않게 어떤 사람을 왕따시키기도 한다. 예를 들어 대학생 동아리의 경우 예전 같으면 어떤 모임을 갖고자 할 때 오프라인 게시판에 공지하면 되었다. 혹시 그것을 보지 못하고 결석해도 누구를 탓할 수 없었다. 그런데 휴대전화가 보편화되면서 지금은 개별적으로 메시지를 보내는 핀 포인팅 커뮤니케이션이 주를 이룬다. 그러다 보면 누군가가 챙기겠지 하면서 빠뜨리고 마는 회원이 생기기도 한다. 긴밀하게 연락을 주고받는 핵심 회원들의 휴대전화에 일부 회원들의 전화번호가 누락되어 있기 때문에 발생하는 일이다. 이렇듯 휴대전화는 소통의 기회를 넓히면서도 한편으로는 단절시키기도 한다. 인간관계가 1과 0의 디지털 시스템으로 분할되면서 안과 바깥의 경계가 확실하게 그어지는 것이다.

앞서 인용한 시인의 말대로 휴대전화를 가지고 있으면 내가 세상의 중심이 된 듯한 느낌에 사로잡힌다. 나를 기점으로 모든 인간관계를 자유자재로 편집하고 그 범위를 조절한다. 그러나 모든 것은 상대적이다. 중심이 있으면 주변이 있게 마련이다. 나의 호감지수에 따라 설정한 친밀권의 테두리 바깥에 누군가가 쓸쓸하게 나를 바라보고 있다. 그가 나를 생각하는 것만큼 나는 그를 생각하지 않는 것이다. 또는 그 반대의 경우도 있어서 나 자신이 그 누군가의 중심에 다가가지 못해 소외감을 느낄 수 있다. 사방팔방으로 뻗어나가면서 현란하게 증식하는 소통의 회로, 그 뒤안길에는 타

자의 관심 자장(磁場)에 들어가지 못한 채 외롭게 서성대는 마음들
이 있다.

모바일, 불안과 역동 사이에서

—독일 여성 미르야, KBS 「미녀들의 수다」에서

한국인들은 그 어느 나라 국민들보다 휴대전화를 사랑하는 듯하
다. 보급률이나 통화 시간 그리고 단말기의 교체 주기 등에서 한국
은 세계 최고 수준이다. 특히 젊은이들의 긴 통화 시간은 부모와의
갈등으로 이어지기 일쑤다. 이어령 선생이 강연 중에 우스갯소리
로 종종 하는 말씀이 있다. 바깥에서 하루 종일 함께 있었던 친구
에게 집에 들어와 전화로 1시간 동안 수다 떨고, 그것도 모자라 전
화를 끊으면서 '그러면 자세한 이야기는 만나서 하자'라고 하는
자녀를, '용건만 간단히' 세대인 부모는 도저히 이해할 수 없다는
것이다. 부모, 자녀뿐 아니라 부부간에도 그런 갈등이 생기는데,
특히 결혼 이주 여성들이 친정에 거는 국제전화 요금 때문에 남편
에게 구박을 당하는 이들이 많다.

통화 시간과 관련해 또 한 가지 흥미로운 것은 지역에 따라 편차

가 있다는 점이다. SK텔레콤의 자료에 따르면 통화 시간이 가장 긴 지역은 충청도와 강원도고, 그 다음이 수도권, 전라도 순이며, 경상도가 가장 짧은 것으로 나타났다. 회사측은 그 원인으로 언어 문화를 지목한다. 충청도와 강원도 지역이 말이 느린 반면, 경상도 사람들은 말이 빠른 편인 데다 단답형으로 대화하는 경향이 있다는 것이다. "밥 묵나, 별일 없제, 끊는다." 그렇게 무뚝뚝하게 안부 묻고 통화를 끝내 버리니 통신사들은 아주 섭섭하다. 이에 SK텔레콤측은 이용 시간을 늘리기 위해 경상도 지역을 중심으로 표준말 쓰기 운동을 전개할 것을 진지하게 검토했다고 하니 매출을 올리기 위한 노력이 눈물겹기까지 하다.

아무리 지역간의 이 같은 편차가 있다 해도 전체적으로 한국인들의 휴대폰 통화 시간은 상당히 긴 편이다. 위에 인용한 말에서처럼 외국인들의 눈에 낯설게 비친 풍경들을 통해서 새삼 확인할 수 있다. 우리에게는 익숙한 일상에 외국인들은 자못 위화감을 갖게 되는 듯하다. 왜 그럴까. 우리가 외국에 나가 보면 금방 알 수 있다. 휴대전화가 웬만큼 보급된 나라들에서도 시도 때도 없이 벨이 울리고 사람들이 아무데서나 통화에 골몰하는 모습은 찾아보기 어렵다. 토플 시험장이나 영화관에서 쏟아져 나오는 사람들이 약속이나 한 듯이 일제히 휴대전화부터 켜는 모습은 기이하게 느껴진다.

모든 기술은 일정한 사회적 맥락 속에서 도입되고 보급되며 활용된다. 그렇다면 우리가 이동통신에 그토록 열광하고 집착하는 까닭은 무엇일까. 한국의 휴대전화는 어떤 배경에서 폭발적인 신장이 이루어진 것일까. 홍성욱 교수는 『네트워크 혁명, 그 열림과 닫힘』에서 다음과 같이 분석한다. "다른 나라에 비해 특히 한국에서 삐삐와 핸드폰이 급속히 보급된 데에는, 1990년대 들어 급속하게 붕괴하는 공동체를 경험하던 사람들이 기술적 통신수단을 사용해 타인과 아직도 연결되어 있다는 느낌을 확인해 보길 갈망했던 문화적 배경과, 핸드폰 번호를 사적인 것이라기보다 누구에게나 줄 수 있는 공적인 것으로 여기듯 프라이버시에 대한 느슨한 태도가 한몫한 것이 사실이다."

한국인들은 집단주의적인 정서가 강한 편이다. '나' 보나 '우리'가 우선시된다. 프라이버시의 경계가 애매하다. 그래서 휴대전화 번호도 아무에게나 스스럼없이 공개한다. (연수회 같은 것이 열릴 때 자료집에 참가자들의 휴대전화 번호가 실리는 것을 다른 나라에서는 찾아보기 어렵다.) 밥을 함께 먹을 사람이 없다고 끼니를 거르는 사람들이 종종 있을 정도로 한국인들은 혼자 있는 것을 싫어한다. 더 나아가 고독은 불온하게 여겨지기도 한다. 냉전 시대에 지방 어느 관공서가 세워 놓은 간판에는 이렇게 쓰여 있었다. "혼자 가는 저 등산객 간첩인가 살펴보자."

늘 다른 사람들 속에 섞이고 어울려 지내야 마음이 놓이는 것이 한국인의 일반적인 사회 심리다. 그것은 촌락 공동체 같은 정착 사회의 보편적인 경향일 것이다. 그런데 한국 사회는 지난 반세기 동안 급속한 변화를 겪었다. 산업화와 도시화는 전국적인 인구 이동을 유발했다. 농촌에서 도시로 이주했을 뿐 아니라 도시 안에서도 매우 빈번하게 거주지를 옮긴다. 직장도 수시로 바뀐다. (신입사원의 3분의 1이 1년 내에 퇴직한다.) 어느 한 곳에 깊이 뿌리 내리기에는 삶이 너무 가변적이다. 인간관계도 잠깐의 인연으로 끝나는 경우가 많다. 가족들간에도 저마다 일과 공부로 바쁘다는 이유로 피상적이고 상투적인 대화에 익숙해 있다.

가정, 동네, 직장, 학교 어디에서든 함께 있는 사람들과 깊은 소통을 하기 어려운 사회에서, 그리고 생활의 유동성(mobility)이 급증하는 상황에서, 모바일 미디어는 공간의 제약을 넘어 타인과 연결하는 회로를 사방팔방으로 활짝 열어 주었다. 가까이 있는 사람과 마음이 통하지 않을수록 멀리 있는 사람과의 교감이 애틋해진다. 그리고 온갖 연줄로 사적인 관계망을 편집하면서 생존하고 출세해야 하는 한국에서, 휴대전화는 그 '끈'들을 단단하게 잇는 고리가 된다.

그런데 휴대전화가 보편화되면서 예전에 없던 스트레스도 생겨난다. 언제 어디에서든 연결되기 때문에 모든 일의 속도가 엄청나게 빨라진다. 두세 번 걸었는데 통화가 이루어지지 못하면 짜증이 난다. 또 자신의 전화가 꺼져 있는 동안 누군가에게 중요한 전화가 오지는 않을까 늘 조바심친다. 그리고 상대방이 연거푸 전화를 받지 않으면 화면에 뜨는 나의 이름을 보고 수신을 거부하는 것이 아닐까 의심하기도 한다. 전화를 걸면 당연히 받으리라는 전제, 문자를 보내면 곧바로 답문이 오리라는 기대가 수많은 오해와 불만을 낳는다. 특히 연인들 사이에서 휴대전화 때문에 불화가 잦다. 소통의 형식 내지 수단은 그렇게 거기에 상응하는 정서를 빚어낸다. 아래 박민영의 글은 그 점을 잘 꿰뚫고 있다.

휴대폰은 단지 하나의 기계가 아니다. 그것은 우리의 중추신경을 변화시킨다. 휴대폰을 가진 사람은 '전화나 문자를 받고 싶다'는 욕망에 시달리게 되며, 그에 따라 온 신경이 휴대폰에 집중된다. 휴대폰은 언제 어디서나 상대방과 연결될 수 있는 편의를 제공하지만 바로 그 때문에 상대방이 전화를 받지 않거나 보낸 문자에 아무런 답장이 없으면 절망하게 된다. 니클라스 루만의 말처럼 "커뮤니케이션 형식으로부터 독립적인 감정과 정서의 상태를 거의 확인할 수 없다." 휴대폰이라는 수단은 수단에 그치지 않고, 우리 내부에 수단적인 목적을 창조한다.[3]

또 한 가지 짚어 볼 대목이 있다. 휴대전화가 생활화되면서 사람들 사이에 통화의 빈도가 급격히 증가했다. 그런데 그에 비례해 대화의 밀도는 오히려 감소하지 않았나 싶다. 그리고 그와 함께 생각의 깊이도 옅어진 듯하다. 몸에 미디어를 항상 지니고 다니지 않던 시절에는 혼자서 사색할 시간이 많았다. 통화 시간이 하루 중에 얼마 되지 않았기에 여러 모로 따져 보고 궁리한 끝에 나온 이야기들이 주를 이루었다. 그런데 이제는 뭐든지 떠오르면 곧바로 버튼을 누르기 일쑤다. 그래서 곱씹어 보거나 되새김질하지 않은 생각들이 설익은 채 가볍게 송출된다.

즉흥적인 접속이 가능한 정보 환경은 뭐든 빨리 빨리 해치우는 한국인들의 심성에 잘 맞아떨어진다. 충분한 시간을 두고 차분하게 계획하여 추진하기보다는 일단 판을 벌이고 보는 성급함에도, 일을 추진하면서 생기는 착오들을 그때그때 민첩하게 수정하고 땜질하는 탁월한 임기응변에도, 휴대전화는 (인터넷과 함께) 안성맞춤이다. 그러나 휴대전화로 인해 일상의 불안정성은 더욱 가중된다. 약속 시간과 장소는 수시로 변경되고 만나기 직전에 취소되는 일도 비일비재하다. 여러 명이 몇 대의 자동차를 나눠 타고 외식하러 나가면서, 미리 식당을 정하지 않고 주행하면서 의논하느라 번거로울 때가 종종 있다. 출발 전에 합의했으면 간단할 일들이 자꾸만 복잡해지는 것은 휴대전화에 대한 부질없는 의존 때문이다.

즉흥성은 그렇듯 여러 가지 사소한 일상사들을 부실하고 번잡하게 만들기도 하지만 때로 엄청난 역동성으로 사회를 움직이기도 한다. 2002년 처음 선보였다가 2008년에 놀라운 위력을 떨친 촛불집회는 휴대전화의 매개 작용 없이는 그만한 폭발력을 발휘하기 어려웠을 것이다. 특히 문자 메시지는 동시에 대량으로 메시지를 발송할 수 있기에 신속한 동원에 긴요하다. 문화평론가 이동연은 『문화부족의 사회』에서 문자 메시지의 게릴라적 성격을 다음과 같이 분석한다. "모바일 문자 메시지는 익명의 대중에게 실시간으로 정보를 제공할 수 있다는 점에서 인터넷 메일 서비스 기능보다 훨씬 기동력이 강하다. 이 때문에 모바일 문자 메시지는 특히 집단행동과 이벤트를 효율적으로 홍보하는 새로운 매체의 기능을 하고 있다."

그러나 휴대전화가 그렇듯 광장의 열기를 모아내는 것은 어쩌다 한번 있는 지극히 드문 일이다. 모바일 소통의 상당 부분은 사적인 것이고, 업무에 관한 소통도 거의 다 일대일의 관계 속에서 이루어진다. 여기에 불청객으로 끼어드는 것이 대량으로 발송되는 스팸 문자나 음란 메시지, 금융사나 기획부동산회사가 각종 가입과 구매를 권유하는 전화다. 모처럼 울린 신호음이 반가워 성급히 받았는데 그런 안내 음성이 흘러나올 때는 정말로 짜증이 난다. 우리는 오로지 나를 위해 준비된 메시지를 기대하기 때문이다.

그런데 나를 위해 발송된 메시지 중에서도 반갑지 않은 것이 있다. "귀하의 생일(또는 결혼기념일)을 진심으로 축하합니다." 카드 회사나 통신 회사가 친절하게 쏘아 준 문자다. 그날 이메일을 열어 보면 거기에도 여러 군데서 날아온 축하의 글이 들어와 있다. 너무 바빠서 그날이 결혼기념일인 것을 깜빡 잊어버리고 있었을 때 그런 메시지는 참 고맙다. 하지만 감동하지는 않는다. 왜? 그 누군가가 나의 생일을 기억해 두었다가 보내 준 것이 아니라 데이터베이스에 입력된 날짜들에 맞춰 자동적으로 살포된 것이기 때문이다.

'진심'은 대량 복제될 수 없다. "하이테크는 하이터치를 요구한다"는 존 나이스빗의 말대로, 디지털 시대에 우리는 인격적인 관계 속에서 이루어지는 따스한 교감을 소망한다. 인터넷과 휴대전화가 생활필수품이 된 지금, 사람들 사이의 관계는 충분히 긴밀하고 원활한가. 미디어가 발달하면서 소통에 대한 갈증이 오히려 증폭되고 타인의 관심을 받고 싶은 강박이 만연하지는 않는가. 날로 비대해지면서 또한 희박해지는 자아, 그 테두리에 타인과 뿌듯하게 만나는 접점들을 어떻게 만들 것인가.

휴대전화는 모든 것의 속도를 높여 주었다. 그것은 효율을 증진시키면서 동시에 긴장을 가중시킨다. 그렇지 않아도 압축 성장의 가공할 스피드 때문에 삶을 찬찬히 돌아보며 가꾸는 의미 공간이 비좁아졌는데, 모바일 통신이 확대되면서 업무 일상은 더욱 가파르게 돌아간다. 그 리듬이 벅차게 느껴질 때 시공간 어딘가에 쉼표를 찍고 싶다. 그런데 바로 그 욕망에 멋지게 부응하는 것 또한 휴대전화다. 언제 어디서든 원하는 상대와 접속할 수 있는 미디어가 손에 쥐어지면서 사람들은 서로의 주파수를 맞추느라 분주하다. 그 가냘픈 파동은 설레는 교감의 자장(磁場)일 수도 있고, 소통 부전(不全)의 잡음일 수도 있다. 휴대전화는 삶의 질서를 배열하고 인간관계를 편집하는 미디어다. 또한 마음의 지문을 추적하는 회로다.

세대를 잇는 선은 어디에

수남이는 청계천 세운상가 뒷길의 전기용품 도매상의 꼬마 점원이다. 수남이란 어엿한 이름이 있는데도 꼬마로 통한다. 열여섯 살이라지만 볼은 아직 어린아이처럼 토실하니 붉고, 눈 속이 깨끗하다. 숙성한 건 목소리뿐이다. 제법 굵고 부드러운 저음이다. 그 목소리가 전화선을 타면 점잖고 떨떠름한 늙은이 목소리로 들린다.

이 가게에는 변두리 전기 상회나 전공들에게 걸려오는 전화가 잦다. 수남이가 받으면, "주인 영감이십니까?" 하고 깍듯이 존대를 해온다. "아, 아닙니다. 꼬맙니다." 수남이는 제가 무슨 큰 실수나 저지른 것처럼 황공해하며 볼까지 붉어진다.

"짜아식, 새벽부터 재수 없게 누굴 놀려. 너 이따 두고 보자."

—박완서, 『자전거 도둑』 중에서

얼굴을 볼 수 없는 전화 통신은 목소리만 가지고 상대방의 정체를 파악해야 한다. 그러다 보니 착오가 생기기도 하는데, 특히 한국처럼 나이에 따른 위계서열이 엄격하고 존댓말과 반말이 분명한 사회에서는 늘 신경 쓰이는 부분이다. 위의 소설에서처럼 아이를 어른으로 착각하고 존대하는 경우는 흔하다. 그보다 훨씬 당황스러운 일은 윗사람에게서 전화가 왔는데 알아듣지 못하고 엉뚱한 실수를 하는 것이다. 군대에서 종종 있는 일로, 예를 들어 대대장에게 전화가 왔는데 중대의 행정병이, 다른 사병이 장난 전화를 하는 줄 알고, "네가 대대장이면 나는 사단장이다 임마"라고 응답을 해 물의를 빚는다.

윗사람을 잘 모시려면 전화하는 일을 잘 챙겨야 한다. 외국 출장을 갈 때, 그리고 다녀와서 부모님에게 전화로 보고 드리는 일을 빼놓으면 안 된다. 은사나 옛 직장 상사 등 어른에게도 때때로 전화 안부를 묻는 것이 예의로 여겨진다. 필자가 오랜만에 제자들을 만나면 가장 자주 듣는 말이 '연락 못 드려 죄송합니다' 이다. 연락 못한 것은 피차 마찬가지인데 늘 나이 어린 쪽이 연락을 해야 하는 듯 생각한다. 대학원생들 가운데는 수업에 불가피하게 빠질 때 교수에게 반드시 미리 연락을 하는 학생들이 종종 있는데, 그렇게 하는 것이 마땅한지에 대해서는 선생마다 생각이 다를 것이다. 이래 저래 젊은 사람들은 윗사람과의 전화 접속을 어렵게 생각할 수밖에 없다. 세대간의 간극이 심해질수록 그것은 점점 까다로워질 것이다.

그렇다면 휴대전화가 일반화되면서 세대간에는 어떤 일들이 벌어지고 있을까. 한 대학 강의실에서 있었던 일이다. 수업이 왠지 딱딱하다고 느낀 교수는 분위기를 부드럽게 하기 위해 우스운 이야기 하나를 해주었다. 그런데 유감스럽게도 아무도 웃지 않았다. 그래서 오히려 더 썰렁해지고 말았다. 하지만 다행히 몇 초 후 어느 학생이 갑자기 웃음을 터뜨렸다. 교수는 가까스로 농담이 통했나 보다 생각하며 흐뭇해했다. 그런데 가만히 보니 그 학생은 책상 밑을 보고 웃고 있었다. 다가가 보니 휴대전화를 보고 있었다. 뺏어서 화면을 보니, 그 교실의 다른 수강생이 보낸 문자 메시지가 찍혀 있었다. "야, 되게 썰렁하지 않니?" 그 교수는 강의하기가 갈수록 어려워진다고 고충을 토로하면서 대학 교수도 강의만 하지 않으면 해볼 만한 직업이라고 말한다.

휴대폰과 관련해 당황스러운 일을 경험한 적이 있다. 그날은 학생들이 어느 과목의 리포트를 제출하는 날이었다. 학교에서 돌아오는데 휴대폰으로 전화가 걸려왔다. 리포트를 뒤늦게 내려 하는데 어떻게 해야 하는지 묻는 수강생의 전화였다. 그런데 그 첫마디가 "교수님, 어디 계세요?"였다. 그리고 몇 분 후에 같은 용건으로 다른 학생이 전화를 걸어왔는데, 놀랍게도 그도 첫마디가 똑같았다. 상대방이 누구고 어디에 있으며 용건이 무엇인지에 따라, '서울에 있다', '학교에 있다', '사회과학대에 있다' 등의 답을 할 수가 있다. 그래서 내가 다시 물어 보니 그때서야 자기소개와 용건을 이야기했다.

그러고 보니 예전에도 몇 번 그런 식의 전화를 받았던 기억이 났다. 도대체 전화를 건 사람이 누구인지 내가 알 수 없는 상황에서 다짜고짜 어디 있느냐고 물어오는 것이다. 먼저 자신을 소개하고 차근차근 용건을 말하는 것이 지극히 상식적인 전화 매너인데, 명색이 대학생이 어떻게 그런 기본도 모르는지 이해할 수가 없었다. 처음에는 예절이 없어서 그런 것이라고, 그 학생들의 심성에 문제가 있다는 식으로 생각했다. 그러나 그런 일을 반복적으로 겪으면서 점차 시각을 달리하게 되었고, 이 문제에 대해 사회학적으로 분석해 보고 싶은 마음이 생겼다.

강의실에서 그러한 경험을 이야기한 다음 간단한 조사를 해보았다. 자신이 지난 일주일 동안 휴대폰으로 통화한 상대 가운데, 전화기에 등록된 이름이 아닌 사람이 있었는가? 놀랍게도 백여 명의 학생 가운데 단 한 명도 없었다. 그러니까 전화를 걸거나 받을 때 화면에는 항상 이름이 떴던 것이다. 그리고 또 한 가지 중요한 사실은 그 이름의 주인공이 대부분 자기 또래 친구들이라는 점이다. 그러니까 이미 익숙하게 알고 지내는 몇몇 친구들끼리만 소통하고 지내는 셈이다.

전화만이 아니다. 그들은 일상에서 전혀 낯선 사람, 그것도 나이 차가 많은 어른들과는 거의 접촉을 하지 않는다. 예를 들어 물건을 살 때 간단한 대화를 주고받는 것 이상으로, 자기의 생각을 드러내거나 중요한 문제에 대해 의논하는 대화를 나누는 일은 거의 없다.

전화를 걸거나 받을 때 "어디야?"라고 첫마디를 건네는 것은 휴대폰이 상용화되면서, 그리고 그 통신의 범위가 진밀한 인간관계 안에 한정되면서 정착된 습관이다. 그것이 리포트를 뒤늦게 제출하기 위한 문의 전화에서도 그대로 튀어나온 것인데, 이는 자신의 상황을 상대방의 입장에서 객관화하면서 소통하는 경험이 부족한 데서 비롯된 것이다.

최근 대학생들의 언어 능력이 현저하게 떨어져 국어 실력이 새삼 문제가 되고 있다. 문자 메시지는 열심히 주고받지만 인쇄 활자와는 점점 멀어지고 있어 언문 체계의 위기를 염려할 수밖에 없다. 정보기기는 날로 새로워지고 그에 힘입어 커뮤니케이션이 점점 활발하게 이루어지는 시대에 아이러니가 아닐 수 없다. 이는 단순히 언어적 두뇌 회로만의 문제가 아니라 근본적으로는 사회적 지능의 감퇴와 관련이 있는 것으로 봐야 하지 않을까.

무선 통신은 젊은이들에게 드넓은 대화 공간을 열어 주었다. 미디어는 점점 어린 세대와 친화력을 갖는 방향으로 발전해왔다. 그 동안 신문과 책은 어린아이들이 쉽게 접근할 수 없었다. 라디오 시대가 열리면서 글자를 모르는 어린이들이 정보를 얻을 수 있게 되었고, 텔레비전이 등장하면서 말을 못하는 유아들까지도 수용자가 되었다. 전화를 보더라도 유선 전화는 기본적으로 어른들의 기기였다. 아이들은 자기에게 전화가 와도 길게 이야기하기 어려웠다.

그런데 무선전화기가 나오면서부터 사정이 달라졌다. 아이들은 수화기를 들고 자기 방에 들어가 길게 통화할 수 있게 되었다.

휴대전화로 넘어오면서 그 밀착도는 훨씬 높아졌다. 청소년들은 그 기기를 어른보다도 한결 능숙하게 다루면서 통신문화를 주도한다. "phone & fun"이라는 광고 슬로건대로 젊은이들에게 전화는 놀이 세계를 열어 주는 소중한 매체다. 그것을 통해서 그들만의 배타적인 통신 세계를 구축한다. 그곳에서 마음을 나누고 관계를 키우는 소중한 사이버 공간이 펼쳐진다. 초등학생들이 선물로 가장 받고 싶은 물건은 장난감이 아니라 휴대전화나 MP3플레이어 같은 것이라고 하니, 완구업체의 타격이 적지 않으리라.

그러나 아이들이 가장 많은 시간을 보내는 학교에서는 휴대전화가 환영을 받지 못한다. 수업에 방해되기 때문에 아예 소지를 금하는 학교도 있다. 그런 규제가 있어도 아이들은 몰래 가지고 다닌다. 어른들의 가청 범위를 벗어난 고주파 신호음 덕택에 청소년들은 수업 시간 중에도 버젓이 전원을 켜둘 수 있다. 어떤 학생은 액정화면을 편안하게 볼 수 있도록 책상에 구멍을 뚫어놓았다. 교사가 학우를 구타하는 장면을 촬영하여 인터넷에 올리고, 즉석에서 경찰에 신고한 학생도 있다.

가정에서도 갈등이 적지 않다. 밤늦게 전화에 매달리는 자녀에게 부모들은 잔소리를 늘어놓는다. 통화료가 너무 많이 나와 당황하는 일도 잦다. 300만 원이 넘는 요금이 청구되자 그 부담감을 견디지 못해 목숨을 끊은 청소년도 있었다. 워낙 통화를 많이 해서 그런 경우도 있지만 호기심을 유발하는 건당 요금이 엄청나게 비싼 상품들이 주요 원인이다. 만화, 성인용 콘텐츠, 연예인에게 문자를 보내면 답장을 받을 수 있는 문자 메시지, 연예인을 두고 행해지는 유료 모바일 투표 등이 그것이다.

그런데도 자녀의 휴대전화를 해지하지 못하는 까닭은 부모의 필요 때문이기도 하다. 청소년들은 주로 학원 때문에 늦게 다니지만 다른 일로 외출할 경우에도 귀가가 늦다. 하지만 부모들은 크게 걱정하지 않는다. 언제든 휴대전화로 상황을 체크할 수 있기 때문이다. 한국의 청소년들이 휴대전화를 쉽게 갖게 된 데는 그러한 원격 엄마 노릇(remote mothering)[4]의 필요도 한몫했다. 그러한 간섭에서 한 꺼풀 벗어나는 청년기에 이르면 귀가 시간이 훨씬 늦어진다. 예전에는 귀가를 해야 자신에게 걸려온 전화 메모를 확인할 수 있었지만 이제는 그 구속에서 완전히 자유롭기 때문이다.

물론 휴대전화는 가족의 소통을 증진시켜 주는 매개체가 되기도 한다. 집에 함께 있지 않아도 수시로 안부를 묻거나 대화를 나눌 수 있고, 무뚝뚝한 남자들이 문자 메시지로 아내나 자녀들에게 감사나 사과의 뜻을 전할 수 있기 때문이다. 그러나 세대간의 소통 전반의 측면에서 보자면 휴대전화로 인해 단절이 깊어지는 경향이 더 짙다. 앞서 휴대전화에 등록된 메모리 다이얼의 세대 분포를 언급했지만 10대의 경우 거의 동갑내기들에 집중되고, 20대의 경우에도 아래위로 서너 살 정도의 알음알이가 대부분이다. 가족 이외에 나이차가 많은 어른들과는 의미 있는 관계를 거의 맺지 못한 채 살고 있는 것이다.

사회는 여러 세대가 공존하는 삶의 마당이다. 젊은이들이 직장에 들어가면 자기 부모와 비슷한 연배의 어른들과 소통해야 한다. 그렇지 않아도 공공의 장에서 자기 의견을 피력하는 데 매우 취약한 한국의 젊은이들이 휴대전화로 또래들과 나누는 사적인 이야기에만 탐닉한다면 '사회 지능'의 결함은 더욱 심각해질 수밖에 없다. 문자 메시지를 주고받으면서 애용하는 각종 은어나 줄임말들은 배타적인 의미 세계 속에서 또래간의 결속을 다져 주지만 다른 한편으로 점차 외부 세계와의 장벽을 견고히 하기도 한다.

휴대전화를 '또 다른 나'라고 표현하는 젊은이들이 있다. 자아가 투영되는 분신이라는 뜻이다. 그래서 그것을 손에 꼭 쥐고 있어야 마음이 편하다. 통화를 하지 않을 때도 그 안에 수록된 인간관계에 안온하게 머무는 듯하다. 그런데 그러한 정보 행동이, 익숙한 친구들끼리만 소통하는 집단적 나르시시즘으로 퇴행하지는 않을까. 낯가림하는 유아들처럼 자꾸만 안으로 웅크려드는 것은 아닌지.

가끔은 휴대전화를 갖고 있지 않은 할아버지 할머니의 외로움도 헤아려 보자. 세대간에 '선'을 긋지 말고 격의 없이 대화하는 '무선' 통신의 문화를 만들어가자. 디지털이 아날로그를 만날 때 감성은 한결 풍성해진다. 동어반복의 지루함을 벗어날 수 있는 출구가 거기에 있다. 낯선 존재를 만났을 때 소통의 접점을 기민하게 찾아내는 순발력과 유연성, 바로 그것이 '모바일' 시대의 미덕 아닐까.

chapter 4

러브 스토리의 핫라인

러브 스토리의 핫라인

연인들의 말길이 반짝일 때

너에게로 가는

그리움의 전깃줄에

나는

감

전

되

었

다

고정희 시인이 남긴 「고백」이라는 시의 전문이다. 연애 감정을 감전 현상으로 묘사한 것이 흥미롭다. 그런데 그것은 추상적인 비유라고만 말할 수는 없다. 마음의 움직임은 두뇌의 작용이고, 뇌세포들 사이를 잇는 시냅스에 전기 자극이 일어나면서 감정이 일어나기 때문이다. 그리고 사람의 몸에도 전류가 흐른다. 문고리를 잡을 때 순간적인 스파크가 일어나는 정전기 현상에서 그것을 확인할 수 있다. 전기가 통하면 불이 켜지는 '에너지 볼'이라는 것이 있는데, 그것을 두 사람이 각각 들고 손을 잡으면 거기에 빛이 들어온다. 사랑에 빠질 때 가슴에 스파크가 일어나는 듯한 느낌은 필경 '전자—생리'적인 현상이다. 연인을 향한 애틋한 감정을 감전에 비유한 시인의 '과학적인' 통찰은 탁월하다.

전화가 등장하면서 '그리움의 전깃줄'은 가시적인 물질로 경험되기 시작했다. 1989년에 나온 김혜림의 노래 「DDD」(장거리자동다이얼전화)의 가사 "그대와 난 이렇게 멀리 / 헤어져 있기에 / 전화 다이얼에 맞춰 / 아쉬운 마음을 전하네 ……."처럼 멀리 떨어져 있는 연인들은 목소리를 들으면서 그리움을 달래는 한편 그리움을 더욱 키우게 되었다. 전화는 편지와는 다른 방식으로 가슴과 가슴을 이어 주는 데 있어 긴요한 매체가 된 것이다. 이제 막 교제를 시작한 남녀가 얼굴을 마주보면서는 하기 힘든 사랑의 고백을 전화로 하는 경우가 있다. 때로 무작정 상대방의 집 앞에 가서 전화를 거는 깜짝쇼도 벌인다. 1994년에 나온 임종환의 「그냥 걸었어」는 바로 그와 같은 상황을 묘사한다. "처음엔 그냥 걸었어 / 비도 오고 해서 / 오랜만에 빗속을 걸으니 / 옛 생각도 나대 / 울적해 노래도 불렀어 / 저절로 눈물이 흐르네 / (……) / 미안해 너의 집 앞이야 / 난 너를 사랑해."

전화를 통한 속삭임은 얼굴을 마주보고 이야기하는 것보다 가슴을 한결 뭉클하게 한다. 이상은의 노래 「사랑해, 사랑해」에서 그 간절함이 잘 표현되고 있다. "오늘처럼 따사로운 아침엔 / 너의 목소리 들려오는 전화기에 대고 / 사랑해 사랑해 이야기하고 싶어 ……." 이선희의 「알고 싶어요」에도 "바쁠 때 전화해도 내 목소리 반갑나요"라는 구절이 있다. 7080세대가 즐겨 듣던 팝송 가운데 *As Soon As I Hang Up The Phone*, *Telephone Line* 등에서도 비슷한 정서가 배어난다. 곁에 있지 않기에 전화선을 타고 오가는 대화의 애절함은 각별하다.

그러나 그렇게 이야기를 해도 반응을 보이지 않을 때 전화는 참으로 야속하기 짝이 없는 미디어다. 1988년에 그룹사운드 소방차가 발표한 「통화 중」에는 이런 가사가 있다. "인파에 묻혀 / 수화기를 들었네 / 오늘도 그 마음은 통화 중 ……." 공일오비가 1990년에 발표한 「텅 빈 거리에서」를 들어 보자. "떨리는 수화기를 들고 너를 사랑해 / 눈물을 흘리며 말해도 아무도 대답하지 않고 / 야윈 두 손에 외로운 동전 두 개뿐."

눈앞에 상대방이 있으면 차라리 나을 것이다. 표정이라도 읽을 수 있을 테니 말이다. 그런가 하면 밤늦게 술을 마시고 짝사랑하는 사람이나 또는 헤어진 옛 애인에게 전화를 거는 이들이 가끔 있다. 이경자 시인은 「확인」이라는 시에서 그 애절함을 잘 담아내고 있다.

10원짜리
동전 네 개를 들고 섰다
눌렀다
뚜우
철커덕 ……
전화 받는 소리에
돈
놀라 떨어지고
심장은
방망이질 시작했다.
여보세요 ……

80

이제 급속히 사라져가거나 텅 빈 채로 방치되어 있는 공중전화, 지난 반세기 동안 그 수화기를 붙들고 밀어를 건네거나 흐느끼면서 작별을 고한 연인들이 얼마나 많을까. 가수 이장희가 1974년에 발표한 「그건 너」라는 노래의 가사를 보자. "전화를 걸려고 동전 바꿨네 / 종일토록 번호판과 씨름했었네 / 그러다가 당신이 받으면 끊었네 / 웬일인지 바보처럼 울고 말았네 ……." 사귀고 싶지만 차마 그러자고 말할 용기가 나지 않는 남자의 답답한 심경이 잘 드러나 있다. 스티비 원더의 노래처럼 "I just called to say I love you / I just called to say how much I care"라고 과감하게 외칠 수 있으면 얼마나 좋겠는가.

그렇듯 남녀상열지사의 핫라인으로 자리매김해온 전화는 휴대폰 시대에 접어들어 한결 뜨거워졌다. 무선 통신망이 그 어느 나라보다 잘 갖춰진 한국이지만 통신이 폭주하여 교란 상태에 빠질 때가 있다. 바로 첫눈이 오는 날이다. 눈발이 쏟아지면 연인들은 일제히 휴대폰을 열고 설레는 마음을 문자로 보낸다. 한 시간에 무려 2천만 통이 날아다녀 통신망에 과부하가 걸리는 것이다.

이제 휴대폰은 연애의 필수품이다. '난 휴대폰 따윈 필요 없어'

라고 말하면서 단출한 생활을 꾸려가던 사람도 애인이 생기면 장만하지 않을 수 없다. 요즘 젊은이들은 소개팅 때 미리 휴대폰으로 사진 교환을 해서 얼굴을 본 다음에 만나 볼지를 결정한다. 휴대폰이 아니면 싸이월드 미니홈피에라도 들어가 용모를 확인한다. 포토샵 기술 때문에 사진을 믿을 수가 없는 것이 문제이긴 하지만 말이다.

그런 과정을 거치든 안 거치든 연애에 돌입하면 휴대폰의 가치는 절대적이다. 연애 기간 중에 휴대폰을 분실한 채 며칠 동안 통화가 되지 않는다면 관계가 서먹해질 수 있다. 그만큼 연애에는 긴밀하고 빈번한 소통이 요구되는 것이다. 연애라는 것은 마음의 나눔이고 그 안에 엄청난 메시지가 넘쳐나게 마련이다. '용건만 간단히'는 이제 완전히 옛말이 되었다. 휴대폰이 연애에서 얼마나 긴요한지는 소설 대목에서도 알 수 있다.

재인이 불쑥 내민 핸드폰에 다현이 난감한 표정을 지었다. "이걸 왜 날 줘요?" "갖고 다녀." "난 이런 거 필요 없어요." 다현은 만져 보지도 않고 그냥 흘끗 눈으로 바라보고는 거절이다. 이 여자는 진짜 별종이다. 갖고 싶지는 않더라도 보통 흥미는 있을 텐데 한 번 쳐다보고는 그만이다. "다다한테는 몰라도 나한텐 필요해." 그가 이를 갈 듯 그녀 손에 핸드폰을 쥐어 주었다. (중략) "당신한테밖에 연락 올 데도 없을 텐데, 이건 낭비라구요." 그녀가 계속 궁시렁대자 재인이 그제야 만족한 듯 씩 웃었다. "그게 바라던 바야." "뭐가요? 낭비가요?" "아니, 나밖에 연락할 사람이 없다는 게. 아무 놈팡이한테나 번호 가르쳐 주지 말라구."

—현고은, 『1%의 어떤 것』 중에서

휴대폰에 관한 대학생들의 경험을 조사하면서 다음과 같은 글을 받은 적이 있다. "나의 경우 현재 여자친구와 사귀기 전에 딱 두 번 만났다. 그것도 장시간을 만난 것도 아니고 밥 한 끼 먹었을 뿐이다. 하지만 문자와 통화는 상상을 초월할 정도로 많이 했다. 2,000통 이상의 문자를 주고받았다. 상대로 하여금 언제든지 자신에게 접속할 수 있도록 하는 것, 이제 휴대폰 전화번호를 알려 준다는 것은 남다른 의미를 지니는지도 모른다." 불과 10년 전만 해도 상상하기 힘든 인간관계다.

만일 로미오와 줄리엣이 휴대폰을 가지고 있었다면? 춘향이와 이도령이 문자 메시지를 주고받을 수 있었다면? 전혀 다른 스토리가 전개되었을 것이다. 우리는 지금 전혀 새로운 세상을 살아가고 있다. 노동 세계에서 주로 일의 도구로 쓰이던 전화는 이제 놀이의 세계에서 완구로 활용되는데, 그 주역은 바로 젊은 세대고 연애가 그 가운데 절반 이상을 차지한다. 인류가 발명한 소통의 도구 가운데 가장 탁월한 휴대전화, 그 첨단 기기는 연인들 사이에서 가장 사랑받고 있다.

오해와 긴장으로 가득한 대화

핸드폰 전원을 켠다. 남편을 못 만난 지 벌써 한 달째다. 전화도 없다. 일주일에 한두 번씩은 반드시 전화하곤 하는 사람인데. (중략) 나는 남편이 보고 싶으면 언제든지 전화를 했다. 그러나 이번에는 그가 전화해올 때까지 끈기 있게 기다리고 있다. 침묵하는 그의 방문을 노크할 엄두가 나지 않는다.

—조선희, 『열정과 불안』 중에서

얼굴 없는 인사
신호음이 울린다
잘 잤느냐는 안부인사에
마음이 찌릿해왔다

나는 지금 기계와 감정을 주고받는 것이다
누군가 저장해 놓은 메시지를 읽으며
나는 다시 기계 속에 내 감정을 저장한다

사랑이 떠나고 난 자리
문자 메시지를 읽으며
지금 기계와 연애 중이다

내 사랑의 방식을 가장 잘 아는
피치 못할 / 가장 지독한 연인인 것이다.

—임정일, 「문자 메시지 연애학」

언제 어디서든 접속할 수 있는 모바일 환경에서 소통에 대한 기대치는 무한 상승한다. 예전에 집에서 유선전화로만 통화하던 시절과 비교해 보자. 필자가 결혼 전 연애할 때를 회상해 보면 일주일에 한 번 정도 통화하고 한 번 만나는 정도가 보통이었다. 그리고 전화할 때 상대방보다 가족들, 특히 그 부모님이 받을 때가 많았다. 아직 그분들께 인사 드리지 않은 상태여서 전화를 바꿔 달라고 말씀드리기가 자못 껄끄러웠던 기억이 선연하다. 그리고 전화를 바꾼 후에 이루어진 통화도 그 가족들에게 모두 노출되고 '검열' 되는 경우가 많았다.

그런데 이제는 전혀 다른 세상이 되었다. 완전히 개인 미디어가 된 휴대폰으로 거의 언제든 정확하게 상대방과 닿을 수 있다. 설령 전화를 받기 곤란한 자리에 있다 해도 자리를 이동해 '안전한' 공간을 확보할 수도 있다. 단둘만이 주고받는 대화, 그 내밀한 세계는 순식간에 증폭되면서 서로의 존재를 사로잡는다. 자주 만나지 못해도 휴대전화만 열려 있으면 친밀한 관계 속에 머물 수 있다. 그 자그마한 기계가 그토록 고맙고 예쁠 수가 없다.

물론 늘 진지하고 깊은 밀어(密語)만 나누는 것은 아니다. '밥 먹었어?', '나 지금 친구랑 헤어지고 집에 가는 중이야', '아이 졸려, 오늘 일찍 자야겠다' 등 일상의 소소한 상황을 문자로 주고받는다. 수업을 들으면서 '오늘 강의는 왜 이렇게 지겹냐' 라는 메시지를 날리기도 한다. 휴대폰을 통해 연인들은 자신이 처한 상황과 그와 결부된 느낌을 실시간으로 보고하는 셈이다. 깨어 있는 동안에는 언제나 곁에 있는 듯한 기분으로 살아갈 수 있는 관계(full time intimate relationship)가 되는 것이다. 어느 광고 문구처럼 "나의 모든 것을 라이브로 발신할 수 있는 세상"이다.

　대학교 수업 중에 휴대폰에 대해 몇몇 학생들과 함께 연구하면서 연애와 휴대폰의 관계를 조사한 적이 있다. 과제를 담당한 학생은 주위에 연애하는 친구들에게 특별히 부탁해 일주일 동안 서로 휴대전화를 쓰지 않으면서 그 관계에 어떤 변화가 오는지 실험해 보도록 요청했다. 5명 정도의 남학생이 설문에 응했는데, 그 가운데 4명 정도가 그 다음 날 와서 취소하더라고 했다. 이유인즉슨 자기는 괜찮은데 여자친구가 절대로 용납하지 않는다고, 그렇게 하려면 차라리 헤어지자고 협박을 하더라는 것이다. 전화는 그만큼 여성 친화적이다. 전철에서 몇 십 분이고 휴대전화를 붙들고 이야기를 나누는 이들은 남자보다 여자가 많다. 남자아이들이 인터넷 게임에 몰두하는 동안 여자아이들은 전화 수다에 매달린다. 남자는 괜찮을지 몰라도 여자는 휴대폰 없이는 연애를 하기 어려운 듯하다.

　그러나 연애가 안정된 궤도에 접어들고 서로에 대한 가슴 설레는 감정이 자연스럽게 식어가면서 휴대전화는 오히려 거추장스러워질 수도 있다. 이때 휴대전화는 소통보다는 서로의 행동을 체크하는 기능으로 쓰인다. '어디야?' '뭐해?' 보통 친구들끼리도 휴대폰으로 전화를 걸 때 흔히 첫마디로 내뱉는 이 질문이 연인들 사이에서는 감시와 모니터링 행위로 체감될 수 있다. 언제든 통화가 가능하기에 통화에 대한 기대 수준이 높아지지만 다른 한쪽(대개 남자)이 예전만큼의 정성이나 열정을 보여 주지 않을 때 그것은 곧바로 통화의 빈도로 객관화된다. 조금만 연락이 안 되면 불안해하고 변심한 것이 아닌가 하는 의혹이 일어난다. 사소한 말투나 표현으로 갈등이 생기고, 배터리가 저절로 꺼져 버리는 등 의도하지 않은 상황으로 인해 종종 오해가 빚어지기도 한다.

특히 문자 메시지는 문장이 짧고 억양이나 말투 같은 중요한 정보가 생략되기에 수신자가 그 여백을 알아서 채워야 한다. 그것은 즐거운 긴장이기도 하지만 때로 엉뚱한 오해를 낳기도 한다. 애매한 표현으로 전해온 문장을 어떻게 해석해야 할지 몰라 마음을 졸이는 상황도 흔히 발생한다. 직접 얼굴을 마주보면서 이야기를 나누었다면 금방 알아차렸을 상대방의 마음이 오리무중인 것이다. 인터넷의 고민 상담 코너에 올라온 사연을 보자.

20대 후반의 한 남성입니다. 그녀는 현재 31세 정도 되고요. 서로 알게 된 것은 약 7년 전쯤입니다. 당시 회사에서 같은 교육을 받으면서 알게 되었는데요. 며칠 전 화이트데이라서 제가 눈깔사탕 문자 메시지를 보내면서 '즐거운 하루 되세요, 누나' 라고 문자를 보냈습니다. 근데 그녀에게 이틀 동안 답장이 없다가 토요일 이른 아침인 7시경에 문자가 왔는데요. '잘 지내고 있니?' 라면서 '눈깔사탕이 뭐니 … 눈깔사탕보다 좋은 것도 얼마나 많은데 … 주말 잘 보내 …' 라면서 답장이 왔더군요. 그래서 저는 약 20분쯤 뒤에 '다음에는 더 맛있는 걸로 사드리죠' 라고 문자를 보냈습니다. 아예 답장을 안 줄 거면 해주지 말든지 왜 이틀이나 지나서 문자를 보내는지 모르겠군요. 저에게 조금은 관심이 있다는 걸까요? 잘 모르겠습니다. 이런 여자의 심리는 어떤 것인가요.

본격적으로 연애 관계에 돌입해 서로에 대해 충분히 이해하는 단계에 이르러도 커뮤니케이션은 종종 까다롭다. 다음은 인터넷상에 떠돌아다니는 이야기로, 똑같은 문자를 놓고 남녀가 어떻게 다른 메시지로 해독하는지를 잘 보여 준다.

당신의 문자: "지금 뭐해?"

당신의 의도: (너의 일상을 알고 싶어)

그가 이해하는 것: (내 생각하고 있는 거 맞지?)

당신의 문자: "나 사랑해?"

당신의 의도: (사랑한다는 거 알지만 그래도 말해 줘)

그가 이해하는 것: (설마 다른 여자를 사랑하는 건 아니지?)

당신의 문자: "나 심심해."

당신의 의도: (같이 있고 싶지만 참을 만해)

그가 이해하는 것: (나랑 만나 놀아 주면 안 되겠니?)

당신의 문자: "저녁에 뭐해?"

당신의 의도: (저녁에 나 시간 있는데 ……)

그가 이해하는 것: (저녁에 다른 여자 만나는 거 아니지?)

당신의 문자: "좀 늦겠다. 미안."

당신의 의도: (예쁘게 하느라고 늦는 거 알지?)

그가 이해하는 것: (남자가 기다리는 건 당연한 거야)

이런 오해를 피하려면 아예 문자를 보내지 않으면 된다. 최소한
으로 필요한 소통만 하는 것이다. 그러나 그렇게 하면 관계가 더
악화될 수 있다. 그래서 시시때때로 메시지를 주고받는다. 그런데
그러한 습관이 초래하는 곤혹스러움도 무시할 수 없다. 휴대전화
가 없었을 때는 만나지 않는 동안에 일어난 감정의 기복이나 무관

심 등이 드러나지 않은 채 넘어갔다. 그런데 이제는 하루에도 몇 번씩 자신의 심경을 알려야 하는 통신 환경에서 한쪽의 작은 파장이 상대방에게 온갖 불길한 상상을 불러일으키면서 관계를 위태롭게 몰아간다.

그리고 만일 하루 이상 아무런 소식이 없으면 불안해진다. 문자 메시지를 보냈는데 아무런 답장이 없을 때 느끼는 싸늘한 외로움이나 가슴 철렁 내려앉는 배신감은 휴대폰이 없었던 시절에는 경험하지 못했던 것이다. 온라인 덕분에 짧은 시간에 관계가 급진전되듯이, 식어가는 과정도 고속으로 진행된다. 잘 진행되던 연인들이 몇 번의 문자 메시지 교환 끝에 간단히 이별에 이르는 경우도 있다. 실제로 예전에 비해 연애 기간이 짧아져간다고 느끼는 젊은 이들이 많다.

이렇듯 휴대전화는 소통을 촉진하기만 하는 것이 아니다. 그로 인해 마음은 더욱 여려지고, 관계는 사소한 갈등으로 인해 깨어지기 쉽다. 사람과 사람을 잇는 길이 널리 열려 있는 지금, 연인들은 더욱 단단한 심지로 자신의 존재를 동여매지 않으면 타인의 반응에 따라 흔들리고 표류하기 십상이다. 연인들에게 휴대전화는 평상심을 가늠하는 온도계가 아닐까.

불륜의 밀어가 오가는 통로

우스갯소리 하나. 고속도로가 꽉 막혀 꼼짝하지 못하고 있었다. 한 30분 이상을 움직이지 못해 답답한 상황에서 주위를 둘러보는데 옆 차 안에서 운전자가 휴대전화에 대고 핏대를 올리고 있었다. 그 사람은 그러다 갑자기 창문을 내리더니 전화기를 불쑥 내밀면서 이쪽을 보며 소리를 질렀다. "여기요~, 내가 왜 늦는지 우리 마누라한테 얘기 좀 해줘요!!" 이런 상황들에서 휴대전화는 고마운 선물일까, 아니면 귀찮은 구속일까.

프랑스의 어느 연인 사이에 실제로 있었던 일이다. 잘 사귀고 있던 여자친구에게서 난데없는 문자 메시지가 날아왔다. "우리, 이제 그만 헤어지자." 남자는 몹시 당황했다. 왜 갑자기 변심한 것일까. 내가 무엇을 잘못한 것일까. 온갖 상상으로 머릿속이 헝클어진 실타래처럼 꼬이고 가슴이 시커멓게 타고 있었다. 그런데 몇 분 후에 또 한 통의 문자 메시지가 들어왔다. "미안해, 아까 다른 사람에게 보내는 문자를 잘못 보낸 거야." 이 연인들에게 휴대전화가 없었다면 아무 문제없이 계속 잘 사귀었을까, 아니면 결국 언젠가는 진실이 드러나 헤어졌을까.

휴대전화가 보편화되면서 남녀 관계에 적지 않은 변화가 일어나고 있는 듯하다. 연인이나 부부는 상대방에게 걸려오는 전화에 민감하다. 청춘남녀가 데이트하는 중에 혹은 부부가 집에서 함께 쉬는 동안에 이성에게서 전화가 오면 적잖이 눈치가 보인다. 어떤 직장 여성이 급한 업무 처리를 위해 어쩔 수 없이 남자 상사의 집에 전화를 걸었다. 전화를 받은 사모님에게 자기를 정중하게 소개하고 아무개 과장님을 바꿔 달라고 했는데, 그가 남편을 부르면서 하는 말이 전화선을 타고 들려왔다. "전화 받아, 여자야." 틀린 말은 아니다. 그런데 그 상황에서 자신을 '여자'라고 지칭하는 것을 어떻게 해석해야 할까. 그 부부 사이가 별로 좋지 않다는 것을 보여주는 단서일 수도 있다. 어쩌면 그 과장은 과거에 어떤 여자와 사귀다가 발각된 '전과'가 있는지도 모른다.

전화는 워낙 사적인 통신 수단이다. 그것은 남녀 사이에 소중한 비밀 통로다. 휴대전화의 기동성 그리고 개별성으로 인해 그 길은 한결 넓어졌다. 언제 어디서든 원하는 상대와 직접 연결되는 조건, 누구의 방해도 받지 않고 속삭이거나 문자 메시지를 주고받을 수 있는 시스템 덕분에, 처음 보는 남녀가 연애관계로 진입하는 장벽이 크게 낮아졌다. 예전 같으면 쉽게 접근할 수 없어 망설이는 관계였지만 이제는 일상적인 안부 인사를 건네면서 상대의 마음을 탐색할 수 있다. 그러다가 서로의 필이 꽂히기 시작하면 급속히 감정이 달아오를 수 있는 회로가 바로 휴대전화다.

그래서 휴대전화는 특히 외도에서 결정적인 도구로 이용된다. 2007년 인기리에 방영된 드라마 「내 남자의 여자」에서 아내의 친구를 사귀는 준표(김상중 분)는 수시로 서재에서 휴대전화로 통화한다. 그런데 그의 아내 지수(배종옥 분)는 불쑥 서재에 들어갈 때마다 황급히 휴대전화를 끊는 준표의 수상한 행동을 전혀 의심하지 않는다. 가족과 함께 있으면서도 살짝 살짝 소통할 수 있는 휴대전화는 그렇듯 불륜의 비밀통로가 된다. 그런 만큼 주의도 요한다. 언제 어떤 문자 메시지가 날아올지 모르기 때문에 그 '보물단지'를 잘 간수해야 하는 것이다.

상황은 늘 불안하다. 예전에 이를 소재로 한 휴대전화 광고가 나온 적이 있었다. 어떤 남자가 아내 몰래 만나는 연인에게서 오는 전화 벨소리를 따로 설정해 놓았는데, 아버지에게서 온 전화를 그것으로 착각하여 첫마디를 잘못 내뱉었다가 조심하라고 주의를 듣는 장면이다. 아닌 게 아니라, 유럽에서 휴대전화가 가장 많이 보급된 이탈리아에서 조사된 바에 따르면 배우자의 외도가 발각되는 경로의 90퍼센트가 휴대전화라고 한다. 한국의 통계는 없지만 아마도 비슷하지 않을까 짐작된다.

따라서 요즘 같은 세상에 바람을 피우려면 매우 꼼꼼하고 주도면밀한 자기관리가 요구된다. 아예 비밀 전화기를 따로 장만하여 사무실이나 자동차 안에 보관하는 이들도 있다. 장기 공연 중인 연극「라이어」를 보면 외도에 빠진 남자가 자동차 사고로 경찰이 집으로 걸어온 전화 때문에 곤혹을 치르기 시작하는데, 자신의 불륜 행각을 아내에게 감추기 위해 둘러대기 시작한 거짓말이 또 다른 거짓말로 눈덩이처럼 불어난다. 휴대전화가 보급되면서 '라이어'들은 보다 안전하게, 그러나 사실은 훨씬 더 아슬아슬하게 줄타기를 하게 되었다.

혼외 관계 풍조에 대한 온갖 소문과 정보가 넘쳐나는 사회에서 배우자나 연인들은 상대방에 대한 의심이 많아지고 있다. 어떤 남자는 친구들과 술 한잔 하느라 늦는다고 집에 전화를 했는데, 어떤 장소에서 술을 마시는지 궁금했던 아내는 그 자리의 광경을 핸드폰 카메라로 찍어서 보내라고 주문했다고 한다. 부탁받은 대로 촬영하고 발송해서 결백을 증명해도 안심할 수 없다. 어느 직장인은 룸살롱에서 명함을 잘못 건넸다가 며칠 후 '잘 들어가셨느냐', '인상이 너무 좋으셨다'는 등의 문자 메시지가 계속 답지했다고 한다. 또한 그런 곳에 얼씬거리지 않았는데도 괴상한 스팸 문자가 날아들기도 한다. "자기야, 어젠 너무 좋았어. 오늘밤도 부탁해~. 01×-5×0×-1772" 엉뚱한 메시지 한 통으로 부부 사이에 싸움이 벌어진다.

돌이켜보면 휴대전화가 나오기 전부터 한국에는 이색적인 전화문화가 출현했는데 바로 '전화방'이다. 익명의 여성과 대화하면서 음란한 욕망을 배설하는 남성 전용 공간이다. 최근에 전화방은 매매춘을 알선하는 접선 장소로 진화하고 있다. 휴대전화가 보편화되면서 '콜걸' 들의 행동반경이 한결 넓어진 듯하다. 거리 곳곳에 요상한 현수막이 걸려 있다. '대화＋만남, ××××-××××' 그런가 하면 인터넷에서는 가끔 이런 메시지가 뜬다. "귀하에게 관심을 보이는 이성이 계십니다. 연결하시겠습니까?"

통신기기는 첨단으로 갱신되지만 역설적으로 소통은 갈수록 어려워지고 있다. 관심, 대화, 만남이 고픈 이들의 권태로움을 달래 줄 길은 어디에 있는가. 애틋하고 깊은 외도에서 심심풀이용의 '원 나이트 스탠드' 나 매매춘에 이르기까지 남녀의 접선이 손쉽게 이루어질 수 있는 정보 환경에서 연인과 부부의 관계는 취약해지기 쉽다. 친밀한 감정이 가득 넘치는 사사로운 세계는 언제나 또 다른 은밀한 만남의 유혹에 노출되어 있다. 휴대전화는 그 모든 밀어들을 밤낮으로 엿듣고 있다.

chapter 5

궁지에서 벗어나기 위해

궁지에서 벗어나기 위해

생명줄 또는 흉기

'호외(號外)'라는 것이 있었다. 중대한 뉴스를 신속하게 전달하기 위해 신문사가 특별히 찍어서 무작위로 뿌리는 신문이다. '1965년 한일협정', '1979년 박정희 대통령의 죽음', '1995년 전두환 전 대통령 구속' 같은 사건이 터졌을 때 임시로 발간되었다. 한 장짜리 짧은 신문이지만 헤드라인을 대서특필하고 관련 사진도 큼직하게 집어넣었다. 호외가 나오는 날이면 장안이 떠들썩했다. 거리에서 갑자기 "호외요, 호외!"라는 외침이 들려오면 신문배달 소년 주위로 행인들이 모여들어 황급하게 신문을 집어들던 장면이 기성세대의 기억 속에는 선연히 남아 있다.

그런데 이제 호외는 역사 속으로 사라졌다. 2002년 월드컵 축구 대회에서 한국이 승승장구할 때 뿌려진 것이 마지막이 아닌가 싶다. 텔레비전이 종일 방영될 뿐 아니라 인터넷을 통해 거의 모든 뉴스를 실시간으로 접할 수 있기에 인쇄물은 완전히 느림보로 뒤처지게 되었다. '뉴스'는 말 그대로 새로운 소식이며 따라서 전달의 속도가 생명이다. 그런데 새로운 미디어가 등장하고 대중화되면서 기존의 미디어들은 더욱 불리해진다. 하루 단위로 마감되는 신문은 속보 경쟁에서 방송에 밀릴 수밖에 없고, 누구나 글과 영상을 올릴 수 있는 인터넷 환경에서 방송은 포털 사이트에 뒤질 수밖에 없다.

그런데 인터넷보다도 빠른 것이 있으니 바로 휴대전화다. 2004년 12월 26일 남아시아에 쓰나미가 일어나 25만여 명이 사망했다. 그때 현장에는 방송사나 신문사 기자가 아무도 없었다. 아무런 예고 없이 터진 일이니 당연하다. 그러면 몇 시간 뒤 또는 하루 뒤쯤에라도 CNN이나 BBC 기자가 왔는가 하면 그렇지 못했다. 때는 연말 휴가철이어서 많은 기자들이 자리를 비운 상태였고, 그나마 남은 사람들은 저마다 10대 뉴스를 뽑는 일에 바빴다. 며칠 뒤 특파원들이 도착했을 때는 이미 '뉴스'는 없었다. 처참하게 파괴되어 버린 마을, 구호 요원들이 시체를 수습하거나 집을 잃은 사람들이 수용시설에서 고생하는 장면들 정도만 취재할 수 있었다.

그런 상황에서 빛을 발한 것은 보통 사람들이었다. 해변에서 휴가를 즐기던 관광객들 가운데 일부가 휴대전화를 가지고 있었는데, 그들은 휴대폰 카메라로 해일이 사람들을 쓸어가는 장면을 생생하게 담아 전 세계로 발송했다. 그 덕분에 사건이 발생한 지 채 한 시간도 지나지 않아 지구촌 각지에 소식이 답지할 수 있었다. 물론 방송뿐만 아니라 인터넷도 중요한 역할을 했다. 그런데 인터넷은 긴박한 현장에서 사진을 찍어 곧바로 발신하는 데는 제약이 따른다. 디지털카메라와 노트북을 가지고 있다 해도 재난 상황에서는 매우 번거로울 수밖에 없다. 그에 비해 휴대전화는 잠깐만이라도 피신할 수 있다면 곧바로 메시지를 보낼 수 있다. 그야말로 긴급 타전(打電)이다. 전보나 무전 버튼에서 문자판으로 바뀌었을 뿐이다.

보통 사람들의 정보력이 글로벌 미디어 시스템을 능가하는 상황은 종종 발생한다. 2007년 9월 미얀마에서 승려들을 중심으로 민주화 운동이 일어났을 때 군사 정권은 이를 무참하게 강제 진압했다. 그때 결정적인 제보를 한 이들 역시 대학생들이었다. 9월 27일 미얀마 민주 인사들이 외국에서 운영하는 정기간행물인 「미지마 뉴스 *Mizzima News*」 편집장의 휴대전화에 '양곤에서 관광객 한 명이 총에 맞아 쓰러졌다' 는 메시지가 들어왔는데, 어느 대학생이 보낸 것으로 추정되었다. 당시 100여 명의 대학생들이 문자 메시지뿐만 아니라 사진과 동영상까지 곳곳에 발송하여 사태의 심각성을 알려 주었다.

긴급한 상황에서 휴대전화는 매우 긴요하다. 9·11 테러로 뉴욕의 쌍둥이빌딩이 불에 타고 있을 때 그 안에 있던 직원들은 재빨리 피신했다. 최대한 몸을 가볍게 해야 하기에 가방은 물론 업무와 관련된 중요 서류 같은 것을 미련 없이 남겨두고 사무실을 빠져나와야 했다. 그런데 그런 가운데 꼭 챙겼던 것이 바로 휴대전화다. 만일 어디에서 통로가 막히면 SOS를 쳐야 하기 때문이다. 1초를 다투는 숨 막히는 재난의 현장에서 그 핫라인은 돈지갑과도 견줄 수 없는 생명줄이 된다. 삼풍백화점이 무너졌을 때는 실종자들에게 삐삐를 쳐서 그 호출음을 더듬어 수색을 벌였는데, 지금처럼 휴대전화가 보급된 상황이었다면 훨씬 더 많은 인명을 구할 수 있었으리라.

그런가 하면 재난 상황에서 휴대전화는 오히려 구조를 방해할수도 있다. 2005년 런던에서 테러가 일어난 적이 있었다. 당시 생존자들 가운데 일부는 카메라폰을 가지고 있었는데 참사 현장을 빠져나올 때 너도나도 그 끔찍한 장면들을 찍어대느라 여념이 없었다고 한다. 고통에 신음하는 사람들에게 필요한 것은 촬영이 아니라 구조의 손길이었는데 말이다. 이를 목격한 어느 저널리스트는 "위기 속에서 잔인한 사람들이 있었다"고 술회한다. 자신의 생명마저 위태로울 수 있는 상황에서도 카메라를 들이대는 그 투철한 정신을 시민 저널리스트의 열정이라고 해야 할까?

다른 한편 휴대전화는 정신적으로 심각한 위기에 처한 사람들에게도 긴요한 핫라인이 될 수 있다. 어느 상담사에게서 들은 이야기다. 어느 날 자살을 결심한 여성에게 전화를 받았다. 전화를 끊으면 곧 죽을 듯한 태세였다. 상담사는 그 여성의 집에 다시 휴대전화로 전화를 걸어 계속 하소연을 들어 주면서 그가 사는 집까지 한 시간 정도 걸려서 찾아갔다. 직접 만나 눈을 맞추고 손을 어루만지며 위로하면서 겨우 자살의 고비를 넘길 수 있었다고 한다. 휴대전화가 있었기에 이동하는 동안 내내 대화를 주고받으면서 마음을 진정시킬 수 있었던 것이다. 비상사태에서 사람을 구하는 생명선(life line)은 무선통신 시대에 더욱 진가를 발휘하는 듯하다.

그런가 하면 범죄에서 자신이나 가족을 지키는 데도 휴대폰이 긴요하게 사용될 때가 있다. 아동을 대상으로 하는 성폭행 범죄가 늘면서 안심 서비스 신청자가 급증했다. 어느 여성은 성폭력을 당할 위기 상황에서 휴대전화로 몰래 외부와 연락하여 범인을 잡은 일이 있다. 그런가 하면 예전에 김승현 한화그룹 회장의 폭행 사건 수사에서도 잘 드러났듯이, 용의자의 동선을 추적하는 데 그가 소지한 휴대전화는 큰 도움이 된다. 실종자를 찾는 데도 휴대전화는 CCTV와 함께 긴요한 정보를 제공해 준다.

문명이 고도화되고 복잡해지면서 우리의 삶과 사회는 점점 더 많은 위험을 내포하게 된다. 언제 어디에서 어떤 사고가 일어날지

모른다. 위기 상황에서 탈출하거나 구조하는 작업에서 휴대전화는
의외의 효자 노릇을 할 수 있다. 그러나 그 기기는 맹목적인 호기
심을 자극하고 충족시키는 괴물로 돌변할 수도 있다. 인간에 대한
최소한의 예의, 곤경에 처한 이웃을 향한 측은지심을 무너뜨리고
천박한 자극 사냥으로 몰아가는 것이다.

우리는 누구든 정보를 손쉽게 생산하고 가공하며, 실시간으로
그리고 대량으로 전달할 수 있는 미디어 환경에서 살고 있다. 미세
한 파동이 거대한 요동으로 증폭될 수 있는 마음의 생태계는 인간
에게 그 어느 때보다도 신중한 분별력을 요구한다. 나의 휴대전화
는 무엇과 무엇을 잇는가. 우리의 소통은 어떤 현실을 빚어내는가.

연결을 통해 가난을 퇴치하다

아프리카 기업인의 경험을 보면 자본주의 기업과 아프리카 문화의
양립은 불가능하다는 것을 알 수 있다. 어떤 사람이 기업을 세우게
되면 그는 결국 파산을 하거나 자신의 대가족과 인연을 끊는 수밖
에 없다. (……) 어떤 세네갈 장관의 이야기가 생각난다. 그의 집
에는 전화가 한 대 있었는데, 그는 주민 모두가 이 전화를 자유롭
게 쓸 수 있도록 해야 하는 '의무'를 지니고 있었다. 결국 그는 전
화도 잃고 장관직도 잃고 말았다.

—기 소르망, 『자본주의 종말과 새 세기』 중에서

세네갈은 2002년 월드컵 축구대회 개막전에서 프랑스를 꺾은
이변의 주인공으로 기억된다. 아프리카의 축구 저력은 2006년 월

드컵에서 한국이 토고를 상대하면서 다시 확인한 바 있다. 변변한 경제 기반이 없는 나라들에서 축구는 출세와 일확천금의 기회로 여겨지면서 수많은 소년들이 그 길에 입문한다. 그런데 아프리카의 많은 나라에서는 축구 중계를 할 때 전화기가 활용된다. 방송 장비가 갖춰져 있지 않기에, 유선 전화기 또는 휴대전화로 보낸 아나운서의 목소리가 라디오를 타고 청취자에게 전달되는 것이다. 사회 전반의 열악한 인프라 사정을 잘 보여 주는 대목이다.

많은 개발도상국에서 그러하듯이 아프리카에서도 유선망이 제대로 깔리기 전에 곧바로 이동통신으로 건너뛰어 엄청난 속도로 보급되고 있다. 아프리카 전체의 휴대전화 가입자 수는 2006년에 1억 명을 넘었고, 2008년에는 3억 명을 돌파했다. 이는 미국과 캐나다의 가입자를 합친 수를 능가한다. 아프리카의 이동통신 사업은 대개 외국 자본에 의해 시장이 형성되어 있다. 국민 1인당 월수입의 10~15퍼센트를 이동통신 요금으로 지불하고 그 대부분이 외국으로 빠져나간다.

그러나 아프리카 대부분의 지역에서 전화기는 여전히 사치품으로 여겨진다. 휴대전화를 가지고 있다 해도 우리처럼 편리하게 사용할 수 없다. 전기가 보급되지 않는 지역에서는 휴대전화를 자동차 배터리나 태양광 에너지로 충전해야 한다. 전화비를 아끼느라 갖은 방법을 동원하는 모습도 애처롭다. 예를 들어 어떤 아프리카 전화회사는 통화 시작 후 3초가 지날 때부터 요금을 부과하는데, 이용자들이 이 사실을 알고 서로 전화를 번갈아 걸어가면서 3초 이내로 말하고 끊고 다시 거는 방식으로 통화한다고 한다.

그런데 아프리카에서 휴대전화는 개인용 미디어가 아니다. 우리가 가족들끼리 유선전화를 공유하듯 그들은 휴대전화를 집에서 공동의 기기로 사용한다. 하기야 가난한 살림에 식구들이 각자 휴대 전화를 소지하기는 어려울 것이다. 더욱 흥미로운 점은 그 공유의 범위가 가족의 범위를 넘어 동네로까지 확대된다는 것이다. 한국에서도 전화가 처음 보급되던 시기에는 사정이 비슷했다. 그런데 아프리카에서는 그 공동체의 결속 정도가 우리보다 훨씬 강력한 듯하다. 앞의 인용문에서 보듯이 세네갈에서는 장관이 되어 전화기를 설치하면 마을 사람 모두 당연하게 사용할 권리를 주장한다. 기 소르망은 그처럼 개인이 집단에서 분화되어 있지 않은 문화에서는 자본주의가 싹틀 수 없다고 분석한다.

하지만 휴대전화는 가난에서 벗어나는 데 결정적인 도구가 되기도 한다. 이와 관련해 저널리스트 토머스 프리드먼은 중요한 사실을 증언하고 있다. "작가 로즈 루칼로 오위노에게서 들은 이야기다. 그녀는 최근 나이로비 동쪽의 응구타니 마을에서 염소를 키우는 여인들과 이야기를 나누었다. 여인들은 지난 몇 년 동안 중간상들의 농간에 넘어갔다고 불평했다. 나이로비 시장의 염소 가격을 알 수 없었기 때문이다. 그런데 14개 마을이 공동으로 휴대전화를 구입해 나이로비 시장의 염소 가격을 알아볼 수 있게 되었다. 이제 그들은 이렇게 얻은 소득으로 소액대출은행을 개설하는 문제를 상담했다."[5]

이런 변화는 휴대전화의 보급과 함께 아프리카 곳곳에서 일어나고 있다. 커피나 코코아를 재배하는 농부들은 하루에도 몇 번씩 변하는 가격을 실시간으로 확인하면서 가장 유리한 때에 그 곡물들을 팔 수 있게 되었다. 말하자면 휴대전화는 시장의 투명성을 높여주는 것이다. 그리고 주민들 사이에 네트워크를 활성화하여 정보 교환을 증진하면서 경제적 수입 향상에 도움을 준다. 방글라데시

에서 그라민 은행 계열의 그라민 폰(Grameen Phone)이 훌륭한 성공 사례를 보여 주자, 우간다에서도 비슷한 방식의 빈곤 극복 프로젝트를 시행하고 있다.

케냐에서는 한 사람이 통화 시간을 구입해 먼 곳에 있는 가족이나 친지의 휴대전화로 보내 주면, 그쪽에서 그것을 가게에 팔아 돈을 손에 넣을 수 있다. 은행이 없는 곳에서 통화 시간 쿠폰은 현찰의 기능을 대신 하는 것이다. 또한 케냐의 '원 월드'라는 단체는 에이즈 퇴치에 휴대전화 문자 서비스를 활용한다. 가입자들은 에이즈 질병 자체나 자신의 증세에 대해 언제든 질문을 할 수 있고, 그 단체에서는 그에 대해 즉각 답을 해줌으로써 예방이나 조기 치료를 돕는 것이다. 그런가 하면 난민 캠프에서는 식량 배급에 휴대폰 문자 메시지가 활용되기도 한다.

유선 인프라가 취약해 컴퓨터 보급이 어려운 개발도상국가에서 휴대전화는 인터넷 세계에 접속하는 단말기다. 그것은 빈곤 극복에 도움이 될 뿐만 아니라 국민으로서 주권을 행사하는 데도 매우 긴요하다. 이를 통해 합당한 법률 서비스를 받게 하거나, 각종 민원을 손쉽게 처리하기도 하고, 정보 공개를 통해 관료들의 부패를 감시할 수 있기 때문이다.

이처럼 휴대전화가 개발도상국의 발전에 중요한 역할을 하고 있지만 여전히 높은 단말기 값은 통신망 확대에 걸림돌로 남아 있다. 그래서 모토로라 같은 회사는 빈곤 국가에 제공하는 원조의 일환으로 단말기를 저렴하게 공급하고 있다. 사람과 사람, 지역과 지역을 연결함으로써 경제를 활성화하고 삶의 질을 높일 수 있는 커뮤니케이션 시스템, 개도국에 그 기초를 닦는 일에 지구촌 시민들의 관심이 요망된다.

반면, 지구촌의 휴대전화가 급증하면서 그로 인해 오히려 사회질서가 파괴되는 나라도 있다. 국민의 70퍼센트 이상이 영양실조에 시달리는 세계 최빈국 콩고가 그러하다. 휴대전화 부품을 만드는 데 쓰이는 중요한 재료 가운데 하나로 탈탄이 있는데, 그 매장량의 3분의 2가 콩고에 있다. 그 자원이 고가에 수출되면서 그 수익의 일부가 반정부 세력의 무기 구입비로 흘러들어가면서 콩고에는 끔찍한 내전이 계속되고 있다. 그리고 그 광물을 채취하는 과정에서 밀림이 파괴되고 거기에 서식하던 동물들이 멸종된다. 우리가 아무렇지도 않게 멀쩡한 휴대폰을 폐기하는 것은 외화와 자원의 낭비일 뿐 아니라 어떤 사람들의 삶과 환경을 위협하는 행위기도 하다.

장애인의 입과 귀가 되어

프랑스 영화 「잠수종과 나비」에는 전신마비가 된 사람이 주인공으로 등장한다. 패션 전문지 「엘르」의 편집장 장 도미니크 보비의 실화를 바탕으로 한 것인데, 직장과 가정에서 남부럽지 않은 생활을 영위하던 그가 어느 날 갑자기 뇌졸중으로 쓰러져 자기 의지로 움직일 수 있는 것은 오로지 왼쪽 눈 하나뿐인 신세가 된다. 하지만 그는 좌절하지 않는다. 누군가가 알파벳을 보여 주거나 불러 주면 원하는 글자를 눈꺼풀로 표시해 소통하는 방법을 익힌다. 그렇게 해서 20만 번을 깜빡거려 15개월 만에 책을 완성하였고, 같은 제목의 영화가 나온 것이다.

베르나르 베르베르의 소설 『뇌』에도 교통사고로 전신마비가 된 사람이 나온다. 그런데 그의 뇌에 전극 칩이 이식되고 그것이 컴퓨터에 연결되어 있어서, 생각만으로 마우스를 움직이면서 인터넷 세계를 자유롭게 돌아다니고 사람들과 대화도 나눈다. 이런 장치는 더 이상 공상과학의 이야기가 아니라 실제로 조금씩 실현되고 있다. 뇌 속에 있는 신경세포들의 복잡다기한 구조를 정확히 파악하는 것이 관건이지만 인간의 망가진 뇌와 신체 기능을 대신하거나 보완하는 기계는 앞으로 놀라운 속도로 발전해갈 것이다.

그렇다면 휴대전화는 장애인의 삶에 어떤 도움을 주고 있는가. 휴대전화가 점점 소형화되고 가벼워지면서 신체 장애인이나 노약자들이 소지하기에 편리해졌다. 또한 핸즈프리처럼 이동 중에 편리하게 통화할 수 있도록 개발된 범용의 보조기구는 결과적으로 손이 불편한 장애인들에게 안성맞춤이다. 반면에 단말기가 자꾸만 소형화되면 액정 글씨와 버튼이 너무 작아져서 눈이 어둡거나 손이 둔한 이들은 미세 조작이 어렵다. 그리고 점점 많은 기능들이 집약되는 휴대폰은 장애인들에게는 너무나 복잡해서 기본적인 사용조차 불편할 때가 있다.

약자에 대한 배려가 점점 강조되는 상황에서 장애인 친화적인 휴대전화가 활발하게 연구되고 있다. 그 예로 시각 장애인들을 위한 점자 키패드를 들 수 있는데, 책, 영수증, 메뉴 등을 사진으로 찍으면 음성으로 변환시켜 주는 상지나. 그리고 어떤 버든 하나만 누르면 통화 목록, 문자 및 음성 메시지, 부재중 전화, 날짜, 시간, 알람, 배터리 잔량 등을 소리로 들을 수 있는 장치도 나온다고 한다.

청각 장애인을 위해서는 골도(骨導) 전화기라는 것이 나왔다. 수화기를 귓바퀴 뒤쪽에 돌출한 뼈에 갖다 대면 그 진동으로 상대방의 음성을 듣는 전화다. 물론 일반 유선 전화에도 적용 가능한 기술이다. 그런데 청각 장애인들이 상대방의 음성을 듣는 것은 그렇다치고 자기 의사는 어떻게 표시할 수 있을까. 역시 수화를 보낼 수밖에 없다. 그런데 그 방면에서는 아직 갈 길이 먼 듯하다. 손목에 차고 수화를 하면 그것을 인식하는 링이 한창 개발 중이고, 아예 수화하는 모습 자체를 그대로 전송해 주는 홀로그램폰이 예견되는 정도다.

다른 한편 노인들의 안전사고에 대비해 허리띠에 착용하는 낙상 센서라는 것이 나왔다. 그래서 만일 넘어졌을 때 그것을 감지한 센서가 휴대폰을 작동시켜 구급차를 부르는 것이다. 또한 심장질환이 있는 사람들의 몸에 바이오센서와 심전도 모니터링 장치를 부착해, 이상 징후가 나타나면 곧바로 휴대전화가 병원에 연결되어 안전한 조치를 받게 한다. 그리고 치매노인이나 장애인이 일정 구

일본 지하철을 타면 노약자석 근처에서는 휴대폰 전원을 꺼달라는 안내문을 볼 수 있다.

역을 벗어나면 보호자 휴대폰에 문자 메시지로 알려 주는 'U-수호천사'라는 것도 지난해 시범 사업에 들어갔다.

장애인과 노약자를 위한 제반 조치를 섬세하게 수립해가는 나라 가운데 하나가 일본이다. 일본의 지하철을 타면 노약자석 근처에서 휴대전화의 전원을 꺼달라는 안내문이 붙어 있다. 그리고 병원에서는 휴대전화를 사용하지 않는 것이 상식이다. 심장 맥박 조정기(pacemaker)를 착용한 환자에게 전자파가 미치는 영향을 차단하기 위해서다. 그리고 누군가가 길에서 갑자기 쓰러졌을 때 곁에 있는 사람들이 휴대전화로 병원이나 구급대와 연결하여 전문가의 지시를 받으며 즉석에서 인공호흡과 심폐소생술을 실시할 수 있는 '원격 작업 지시(remote instruction)'의 매뉴얼을 세밀하게 개발해가고 있다.

도구는 인간의 육체적 한계를 보완하기 위해 발명되었다. 망치와 톱, 수저와 식기, 신발, 의자, 수건, 자동차, 우산, 안경 ······.
이 모든 물건들이 없다면 우리의 생활은 온갖 장애에 부딪히며 엉
망이 될 것이다. 그 점에서 보면 사람은 누구나 장애를 가진 셈이
다. 휴대전화는 현대인의 삶과 사회, 아니 아예 신체의 일부가 되
어 버렸다. 테크놀로지의 진화는 그렇게 인간의 존재 조건을 송두
리째 바꿔 놓았다.

　육체의 자유로움을 증진시키는 도구의 발전은 장애인들의 생활
을 크게 개선시키고 있다. 그것은 핸즈프리처럼 부수적인 결과 덕
분일 수도 있고, 골도 전화기처럼 의도적으로 장애인을 위해 발명
한 덕분일 수도 있다. 휴대전화는 전동 휠체어 못지않게 장애인들
의 물리적 · 사회적인 행동반경을 넓혀 주고 있다. 그러나 한 가지
아쉬운 것은 장애인들이 여전히 그들끼리의 관계 속에만 머물러
있다는 점이다. 휴대전화 덕분에 시각 장애인이나 청각 장애인들
이 비장애인과 보다 원활하게 소통하고 관계를 맺고 있음이 나타
나는 징후는 별로 보이지 않는다.

　오히려 사이버 공간에서도 장애인이 차별을 받는 경우가 있다.
익명의 네티즌들 여러 명이 채팅을 하는 대화방에서 가끔 있는 일
이다. 뇌성마비 환자들은 키보드를 두드리는 속도가 느리기 때문
에 반응이 느리고 글이 올라오는 속도도 느리다. 이런 현상이 몇
번 반복되면 다른 대화자들이 눈치를 채고 하나둘 빠져나간다. 결
국 그 공간에는 장애인 혼자 남게 되고, 그런 일을 몇 차례 겪으면
비장애인과의 대화 마당에 들어갈 엄두를 내지 못한다. 속도가 중
시되는 정보 환경에서 느림은 치명적인 장애다.

　다행히 한국정보문화진흥원에서는 청각장애나 언어장애를 갖고
있는 이들이 비장애인과 전화로 쉽게 소통할 수 있도록 '통신중계

서비스(telecommunication relay service)'를 제공하고 있다(www.
relaycall.or.kr). 그러나 장애인이 비장애인과 자연스럽게 어우러지
는 통합은 하드웨어나 시스템만으로는 부족하다. 일의 템포가 빨
라지고 민첩함과 기민함이 요구되는 사회에서, 속도가 느린 이들
에 대한 배려가 없으면 유비쿼터스 환경은 또 다른 장벽과 장애를
낳는다.

속도가 느린 존재를 기다려 주고 그들의 기동성을 높이기 위해
지혜와 자원을 모아야 한다. 이동을 돕는 휠체어와 달리 소통의 도
구로서 타인과의 접점을 넓혀 주는 휴대전화, 그것이 장애인끼리
만이 아니라 사회 전체와의 통합을 증진시키는 방향으로 진화한다
면 그만큼 더 보편적인 '모바일' 시대로 나아가는 것이리라. 휴대
전화는 장애 없는(barrier-free) 사회를 디자인하는 데 촉매 역할을
할 수 있다.

chapter 6

오프라인으로 눈을 돌리면

오프라인으로 눈을 돌리면

공공의 매너를 디자인하자

휴대폰이 막 대중화되기 시작했던 1990년대 말 서울의 어느 관현악단의 연주회장에서 있었던 일이다. 연주가 한창 진행되는 도중에 휴대폰의 신호음이 울려 음악의 잔잔한 흐름과 고요한 긴장이 한순간 깨져 버렸다. 청중들은 객석 여기저기를 둘러보았다. 그런데 놀랍게도 황급히 호주머니에서 핸드폰을 꺼내 스위치를 끄는 이는 다름 아닌 오케스트라의 어느 바이올린 연주자였다. 만일 여기가 연주회장이 아니라 강연회장이고 연사가 실수로 꺼놓지 않아 휴대폰 소리가 울렸다면 청중들은 한바탕 웃음을 터뜨리고, 연사는 머리를 긁적이며 사과하고 넘어갈 수도 있을 것이다. 그러나 지금 한참 음악이 흐르고 있는 중에 그런 식으로 상황을 무마할 수 있겠는가. 연주는 계속되었지만 청중들의 웅성거림과 함께 분위기는 엉망이 되어 버렸다. 그날 저녁 그 단원은 사표를 써야 했다.

기계의 전원을 끄는 것을 깜박 잊어버린 것, 정말로 아무것도 아닐 수 있는 부주의 하나로 땀과 정성으로 마련한 연주가 수포로 돌아갔고, 몇 천 명의 시민이 모처럼 갖게 된 음악 감상에 찬물을 끼얹었다. 그리고 무엇보다도 본인은 직장을 잃고 말았다. 일상적으로 휴대하는 도구 하나를 잘못 간수하여 이렇듯 돌이킬 수 없는 일이 빚어질 수 있다. 물론 방금 소개한 사고는 극단적인 예지만 우리의 생활 속에서 휴대폰의 소음 공해가 점점 심해지고 있다. 불쑥불쑥 터져 나오는 소리들로 공공장소의 분위기는 갈수록 산만해진다. 예를 들어 다음과 같은 말소리다.

아니, 이제 일어났으면 일어났지, 당신은 전기밥솥 속에 지어 놓은 밥도 혼자 못 퍼먹어요? 뭐라고요? 언제 지어 놓은 밥이냐구요? 내 참 기가 막혀서, 고작 그거 물어 보려고 바쁜 사람한테 전화 걸어요? 내가 지금 놀러 나온 줄 알아요. 밥이 오래돼서 딱딱하게 굳었으면 굳었지, 그게 왜 내 탓이야. (……) 이제 자장면은 진저리난다고? 거봐, 자장면 진저리나게 먹는 동안 아까운 밥이 굳어 버린 거잖아요.

—박완서, 「그래도 해피 엔드」 중에서

위의 인용문은 주인공이 지하철을 타고 가는데 옆에 앉아 있는 중년 여성이 휴대전화로 남편과 말다툼을 하는 장면이다. 한국의 공공장소에서 흔히 겪는 일이다. 엄마가 아이에게 늘어놓는 잔소리, 애인끼리 투정하며 벌이는 사랑싸움, 상대방과 제3의 인물에 대해 늘어놓는 험담 등 온갖 사적인 대화들이 타인들에게 그대로 노출된다. 자기도 모르게 흥분하고 목소리를 높여 주위 사람들이 민망해지는 경우도 종종 있다. 전화기를 붙들면 우리는 자기만의 골방에 들어온 듯 착각하는 듯하다.

하지만 전화는 애당초 공용 매체로 출현했다. 1902년 한성과 인천을 잇는 공무용 전화가 개설되고, 1908년에 '전화국 창구통화제도'가 시행되면서 일반인들이 직접 전화국에 가서 전화를 할 수 있게 되었다. '공중전화'란 말은 그때 등장한 것이다. 그러다가 1930년 서울 시내에 '공중전화소'가 생겼고 1954년 국내 최초의 '흑색 탁상용 공중전화기'가 등장했다. 지금 우리가 사용하는 옥외 공중전화는 1962년이 되어서야 선을 보여 이후 꾸준히 발전되어왔다.

공중전화는 타인과 공공에 대해 배려할 줄 아는 매너를 요구했다. 가장 중요한 것은 너무 오랫동안 전화하여 뒤에 있는 사람을 기다리게 하지 않는 것이다. 그것이 잘 지켜지지 않았던 탓인지 1972년 체신부는 공중전화에 대한 통화 시간을 3분으로 제한하고 타이머를 설치하여 3분이 경과하면 자동으로 단절시킨 적도 있었다. 그러나 얼마 지나지 않아 그 제한이 풀렸고 다시금 무한정으로 사용할 수 있게 되었다. 결국 시민들이 자율적으로 양보하고 이해하면서 자율적인 전화 문화를 만들어가야 했다.

유감스럽게도 그것이 제대로 이루어지지 않아 사고가 나기도 했다. 1990년 여름 서울의 어느 공중전화 박스에서 너무 오랫동안 전화기를 붙들고 있는 청년에게 뒤에서 기다리고 있던 한 아줌마가 빨리 끊으라고 재촉했다. 그런데 청년은 다른 일로 잔뜩 화가 나 있었던지 그 아줌마를 흉기로 찔러 살해하고 말았다. 시민들이 함께 사용하는 시설을 마치 자기 개인의 전유물인 양 독점하고 타인의 사정에 아랑곳하지 않는 이기심이 극에 달해 빚어진 참극이었다. 한국 사회의 공공의식 빈곤을 단적으로 보여 준 사건이다.

그런데 이제 공중전화의 퇴조와 함께 아예 '공중'도 사라지는가. 휴대전화의 보급과 함께 공공장소는 공공 매너가 없는 개개인들에 의해 소란스러워지고 있다. 특히 공공장소에서 사람들은 거리낌 없이 큰 소리로 통화한다. 자신이 전화할 때는 아무렇지 않을지 모르지만 입장이 바뀌면 무척 짜증난다. 때로 폭력적인 충돌도 일어난다. 2007년 여름, 경남 양산의 어느 병원 대합실에서는 한 50대 남자가 옆에 있는 어느 고등학생이 너무 큰 목소리로 휴대전화 통화를 한다며 흉기를 휘둘러 살인미수 혐의로 구속되었다.

언제부터인가 한국 사람들은 소리에 대해 매우 둔감해졌다. 목소리 큰 사람이 이긴다는 말처럼 언성을 높이는 것이 오히려 권력이 되기도 한다. 아무데서나 고성방가하는 취객들도 별로 제재를 받지 않는다. 지하철에서 물건을 팔거나 포교 행위를 하는 이들에 대해서도 승객들은 무척 너그럽다. 길거리에서 시위하는 사람들도 구호와 노랫소리로 엄청난 굉음을 내지만 행인들은 종종걸음으로 지나갈 뿐이다. 또한 상점가의 가게들도 호객을 위해 제각각 스피커로 음악을 크게 틀어댄다.

공공장소에서 휴대전화 목소리에 관대한 것도 이러한 소리 불감증에 기인한 것인지도 모른다. 그리고 자기와 타인의 프라이버시에 대해 신경을 쓰지 않기에 남들이 듣거나 말거나 지극히 사적인 대화도 큰 소리로 나눈다. 한국에서 휴대전화가 급속도로 보급되고 매출이 엄청나게 늘어난 것도 그러한 문화에 편승하는 것이라고 볼 수 있다. 다른 나라 같으면 감히 통화할 수 없을 고속전철에서조차 태연하게 전화기를 꺼내 큰 소리로 이야기를 나눌 수 있기에, 그만큼 휴대전화의 쓸모가 커지는 것이다.

전화를 할 때는 보통 대화할 때보다 목소리가 더 커지는 경향이 있다. 얼굴을 마주보고 이야기를 나눌 때는 눈빛이나 제스처 같은 보조 신호가 있다. 그에 비해 전화 통화는 오로지 음성 정보에만 의존해야 하기 때문에 목청이 높아지게 된다. 상대방이 앞에 있다면 고개를 조용히 끄덕이는 것만으로도 충분한 반응이 되지만 전화 통화에서는 '아하, 그래?'라고 과장된 억양을 구사한다. 그리고 가느다란 볼륨으로 들려오는 상대방의 목소리에 집중하고 주파수를 맞추느라 주변의 상황에는 신경을 쓰지 못하게 된다.

청각 신호는 영상 신호와 달리 선택의 여지가 없다. 보기 싫은 것은 외면하거나 눈을 감으면 그만이지만 듣기 싫은 것은 차단할 수 있는 방법이 없나. 귓써풀이 없기 때문이다. 그리기에 디욱 조심해야 한다. 휴대전화는 특별히 에티켓이 요구되는데, 이 때문에 셀리켓(celliquette, cell phone과 etiquette의 합성어)이라는 신조어도 나왔다. 도시는 타인들끼리 폐를 끼치지 않고 편안하게 어울릴 수 있는 윤리를 요구한다. 세계 최고 수준의 휴대전화 개발 기술과 디자인 실력을 갖춘 한국, 이제 그것을 사용하는 시민 문화를 디자인해야 하는 시점이다.

온·오프라인, 그 두터운 장벽

휴대폰이 발명되기 전에는 개인이 무리 속에 있을 때 혼자 있고 싶은 욕망을 밖으로 내비치는 것은 언제나 쉽지 않은 일이었다. 그러나 휴대폰 발명 이후, 다른 사람들의 비난 위험에 직면하지 않고도 무리에서 벗어나는 것이 가능해졌다. 이제 사람들은 그가 보다 멀리 떨어져 있는, 그리고 상상컨대 그에게 매우 중요한 어떤 다른 인간관계에 전념하기 위해 그들에게서 멀어지고 있다고 이해해 준다.

―세르주 티스롱, 『작은 물건들의 신화』 중에서

휴대전화가 울렸다. 주머니에서 전화기를 꺼내려는 순간 핸들이 흔들리면서 차가 한쪽으로 급격히 쏠렸다. 브레이크를 급히 밟았다. 그게 더 화를 불렀다. 차는 제자리에서 빙글 돌다 인도의 턱에 걸려 벌러덩 뒤집히고 말았다. (……) 휴대전화는 여태 울리고 있었다. 나는 전화를 받았다. 여동생이었다. "지금 뭐해? 전화 받을 수 있어?" "뒤집힌 차에 거꾸로 매달려 있지만 전화는 받을 수 있다." "농담도 심하셔. 오빠 가능하면 빨리 입금해 줘야겠어. 다음 달 학원 등록이 곧 마감이래."

—김경욱, 「당신의 수상한 근황」 중에서

워크맨이 처음 나왔을 때 도서관 같은 곳에서 종종 벌어지던 일이다. 이어폰으로 음악을 듣는 사람이 자신도 모르게 노래를 따라 부르는데, 그 음성이 너무 커서 열람실 안에 있는 모든 사람들에게 들리게 된다. 본인은 가볍게 흥얼거렸다고 생각하지만 자신의 목소리가 들리지 않는 상황에서 음량조절이 안 되어 무심코 큰 소리가 나와 버린 것이다.

그와 비슷한 상황으로, 이어폰을 꽂고 혼자 음악을 들으면서 춤을 추는 모습을 상상해 볼 수 있다. 이를 보는 사람들은 자못 위화감을 느낀다. 만일 스피커를 통해 흘러나오는 음악에 맞춰 몸을 흔들었다면 주변 사람들도 자연스럽게 그 리듬을 공유할 수 있을 것이다. 몸으로는 한 공간에 있지만 마음은 전혀 다른 세계에 들어가 있는 사람들과 함께 있는 것은 불편하다. 지하철이나 길거리 같은 공공장소에서 진하게 애무하는 연인들이 주변 사람들을 민망하게 하는 것도 마찬가지다.

대화든 음악이든 애무든 어떤 이야기나 정서를 공유하지 못하는 상황은 소외감을 자아낸다. 2개 또는 3개의 현실로 분절된 공간에서 사람들 사이의 관계는 겉돌거나 막힐 수밖에 없다. 휴대전화는 그러한 공간의 모자이크를 더욱 증식시킨다. 버스에서 옆자리에 앉아 있는 사람이 휴대전화에 계속 몰입하고 있으면 왠지 단절감을 느낀다. 전혀 모르는 사람인데도 말이다. 게다가 만일 내가 실연의 아픔을 삭이고 있는데, 옆에서 휴대전화로 달콤한 사랑을 속삭이고 있다면 외로움은 더욱 증폭된다. 그래서 나도 모르게 휴대전화를 꺼내 만지작거린다. 예전에 주고받았던 문자 메시지들을 뒤적이기도 한다.

지하철 같은 장소에서 옆에 있는 두 사람이 서로 대화를 나누는 목소리보다 한 사람이 휴대전화로 통화하는 목소리가 더욱 신경이 쓰인다. 전화 통화가 한쪽 화자의 말만 들리므로 오히려 말수가 적은데도 말이다. 그 까닭은 전자의 경우 그 대화가 벌어지는 오프라인 공간에 내가 함께 속해 있는 반면, 후자의 경우 그 온라인 공간에서 소외되어 있기 때문이다. A와 B의 말이 모두 들릴 때는 그러려니 하고 넘어가는데, A의 말만 들릴 때는 B의 말이 무의식적으로 상상되거나 궁금해지는 탓도 있다.

그런가 하면 온라인으로 이야기를 나누는 사람들끼리도 얼마간의 단절이 있다. 서로의 모습을 볼 수 없기 때문이다. 그래서 상대방이 오프라인 공간에서 옆 사람에게 건네는 말을 잘 식별해내야 한다. 상대방이 전화를 받다가 택시를 탔을 경우 운전기사에게 "아저씨, 종로로 가주세요"라고 말하거나, 사무실에 택배가 왔을 때 배달원에게 "그거 거기에다 그냥 놔주세요" 같은 말을 하게 되는데, 이런 말들이 전화선을 타고 흘러 들어와도 헷갈리지 말아야 하는 것이다. 그러나 어떤 것이 자기에게 하는 말인지 분간하는 것은 그다지 어렵지 않다. 대화의 주된 흐름이 온라인에서 줄곧 고정되어 있기 때문이다. 그리고 영상통화에서는 이 문제도 없다.

통신이 발달하면서 온라인이 오프라인보다 중요하게 여겨질 때가 많다. 항공권을 예약하러 여행사에 들를 때마다 겪는 일인데, 직원이 나와 상담을 하다가도 전화가 오면 그것부터 우선 처리를 해주는 것이다. 그런 식으로 전화가 계속 걸려오면 나의 순서는 계속 뒤로 밀린다. 몸소 찾아간 고객보다 방 안에 앉아 전화로 문의하는 고객이 우대되는 상황이다. 말하자면 온라인은 아무 때나 막무가내로 새치기를 하는 셈이다.

그렇듯 정보공간이 현실공간에 불쑥 끼어드는 것은 휴대전화가 보편화되면서 더욱 빈번하게 발생한다. 어느 장례식장에서는 비통하고 숙연한 분위기 속에 애도사가 낭독되고 있는데, 느닷없이 누군가의 휴대전화가 울렸다. 그런데 그 신호음이 뽕짝이었다. "춘자야 보고 싶구나, 춘자야~." 어떤 할머니가 그 전화의 주인이었는데, 작동법이 익숙하지 않아 재빨리 끄지도 못한 채 계속 음악이 흐르는 바람에 문상객들은 헛기침을 하면서 웃음을 참느라 갑자기 어색한 분위기가 되었다고 한다.

그 정도의 해프닝은 웃고 넘길 수 있지만, 위에서 인용한 소설에서처럼 휴대폰 때문에 안전사고가 발생하는 예는 비일비재하다. 운전자에게 휴대전화는 위험을 유발한다. 전화를 받느라 동작이 흐트러지는 것은 물론이고, 통화하는 중에도 듣고 말하는 데 집중하느라 시각 정보를 충분히 받아들이지 못한다는 것이 실험으로 증명되었다. 보행자도 조심해야 한다. 일본에서는 어느 여성이 전화를 받으면서 철도 횡단로를 건너다 참변을 당한 일이 있다. 대화에 너무 몰두한 나머지 열차가 달려오는 것을 알아채지 못한 것이다.

미디어의 발달은 우리 주의를 끊임없이 분산시킨다. 인터넷을 켜면 끝없이 이어지는 클릭으로 정보의 망망대해를 표류한다. 길거리에는 반짝이는 전광판이 계속 늘어나고, 그것도 모자라 자동차 안에도 영상 모니터가 설치된다. 운전자가 텔레비전을 힐끗 힐끗 보면서 주행해도 단속 대상이 되지 않는 나라는 한국밖에 없을 것이다. 이 모든 자극의 폭주를 능숙하게 소화할 만큼 인류의 뇌가 진화하지는 못했다. 전자파의 유해성보다 더 무서운 것은 바로 정보의 쓰나미다. 모바일 시대는 산란해지는 생활 세계를 가지런히 경영할 수 있는 평온함과 집중력을 요구한다.

소통은 정성이다

밭에 일하는데, 전화가 울린다. 달려가 받았더니 한국통신. 이용에 불편하신 점은 없으시냔다. "아, 일하는데 ……," 하면서 화를 내려다가 참았습니다. "불편 없구요. 일하느라 바쁘니까 중요한 용건 아니시거든 끊어 주세요." 그랬지요. 속으로는, '아니! 이것들이!' 그랬습니다.

—이철수, 『가만가만 사랑해야지 이 작은 것들』 중에서

전화는 발신자 중심의 매체다. 전화를 거는 사람이 시간을 선택하고, 받는 사람은 걸려오면 일단 받아야 한다. 그에 비해 편지나 이메일의 경우는 언제 열어 볼지를 수신자가 결정할 수 있다. 그리고 문자 메시지는 그 중간쯤에 위치하고, 'MSN' 같은 인스턴트 메신저는 전화 쪽에 좀 더 가깝다고 볼 수 있다. 전화는 예측 불가

능한 메신저다. 일상에 불쑥 끼어드는 전화벨 소리는 무료한 일상에 신선한 스타카토로 느껴진다. 마치 예고 없이 찾아온 친구를 반가워하듯 말이다. 그러나 평온한 휴식이나 조용한 몰입을 방해하는 불청객이 될 때도 종종 있다.

뭔가를 바쁘게 하고 있는데 전화가 걸려오면 하던 업무를 계속 수행하면서 통화를 하는 경우가 종종 있다. 그런데 간단한 대화는 상관이 없지만 조금 심각한 내용으로 들어가면 그 오프라인의 일과 온라인의 소통을 양립시키기가 매우 어렵다. 집중력이 분산되기 때문이다. 예를 들어 이메일을 쓰면서 전화로는 친구의 고민을 들어 주는 것은 엄청나게 어려운 작업이다. 그런 상태를 얼마 이상 지속하면 두뇌에 엄청난 부하가 걸려 곧 지쳐 버린다. 그러한 상황을 가리켜 '부분적 관심의 지속(continuous partial attention)'이라고 하는데, 예를 들어 강의를 들으면서 인터넷 검색을 하는 사람의 심리 상태 같은 것이다. 그런데 그것은 2가지 일을 병행하는 사람에게만 문제가 되는 것이 아니다. 다음의 사례를 보자.

최근에 친언니를 잃은 한 여자가 그보다 몇 해 전에 역시나 누나를 잃은 친구에게 위로 전화를 받았다. 전화를 건 친구는 애도의 말을 전했고 그렇게 감정을 헤아려 주는 말에 감동을 받은 여자는 오랜 병치레로 고생했던 언니의 일들을 털어놓았다. 그리고 언니를 잃은 슬픔에 얼마나 상실감을 느끼고 있는지 이야기했다.

그런데 전화 너머에서 키보드 두드리는 소리가 들려왔다. 어떤 상황인지 서서히 윤곽이 잡혔다. 그녀가 1시간 남짓 자신의 고통에 대한 하소연을 하는 동안 그녀의 친구는 이메일을 주고받았던 것이다. 이야기를 나누는 동안 그의 대답은 점차 성의가 없어지고 요점을 벗어났다. 전화를 끊고 나서 그녀는 너무나 실망한 나머지 애초에 그가 전화를 걸어오지 않았으면 좋았을걸 하는 생각을 했다.

—대니얼 골먼, 『SQ 사회지능』

'정성'은 인간관계에서 매우 소중한 덕목이다. 그런데 정성이란 무엇인가? 몸과 마음이 함께 있는 것이다. 굿을 하는 무당들이 신이 잘 내리지 않으면 '정성이 부족하다'라고 참가자들을 꾸짖는다. 몸은 여기에 있지만 마음은 다른 데 가 있다는 뜻이다. 미디어가 발달하면서 사람과 사람 사이에 정성이 희박해지는 경향이 있다. 가족들이 모여 앉아 있어도 텔레비전에 빠져 있으면 누가 무슨 이야기를 해도 건성으로 듣기 일쑤다.

휴대전화가 보편화되면서 사람을 정성으로 대하기가 점점 어려워진다. 카페 같은 곳에서 뭔가 한참 이야기하는데 상대방이 갑자기 전화를 받거나 문자에 몰입할 때 앞사람은 무시당하는 느낌이 들 수 있다. 그야말로 몸 둘 바를 모르게 되면서 자기도 전화기를 만지작거린다. 심지어 회의 중에 내가 특정 사람에게 주로 말을 하고 있는데, 그 사람이 전화를 받으러 자리를 잠깐 뜨는 경우도 있다. 자신에게만 하는 말이 아니라고 생각해 별 생각 없이 한 행동이지만 말하던 나는 갑자기 상대가 사라져 황당하다. 옆에서 보는 사람도 민망해진다.

반면에 지금 눈앞에 있는 사람에게 최선을 다하는 모습은 감동을 준다. 시오노 나나미는 『남자들에게』라는 책에서 그 경험을 이야기하고 있다. "나는 VIP라고 불리는 속칭 어르신네와 만날 기회가 적지 않으나 그들의 오피스에서 만나는 것은 무척 싫어한다. 아무튼 끊이지 않고 걸려오는 전화로 대화가 연결이 되지 않기 때문이다. 그래서야 흥이 날 리가 없다. 그런데 이 이탈리아 전 수상은 전혀 달랐다. 대화 중에 전화를 일체 연결하지 않았다. 장관급이라 할지라도 우리의 단 10분간의 대화를 방해할 수는 없었다. (……) 그는 결코 미남이 아니다. 추남이라고 하는 편이 사실에 가깝다. 그러나 여자를 이렇게도 관능적으로 다룰 줄 아는 남자는 용모의 미추를 넘어 섹시하게 보인다. 매력 있는 남자다."

에티켓 전문가들은 중요한 사람을 만날 때 테이블에 휴대전화를 올려놓지 말라고 조언한다. '당신은 별로 중요한 사람이 아니다'라는 메시지로 감지될 수 있기 때문이다. 그러한 생각을 확실하게 밀어붙이는 사람들이 있다. 프랑스의 일부 고급 식당에서는 입장할 때 휴대전화를 카운터에 맡겨야 한다고 한다. 그 식당에 들어오는 손님들은 워낙 귀한 사람들인 만큼, 대화 중에 불쑥 걸려오는 전화의 방해를 받아서는 안 된다는 뜻이다. 오프라인 공간에서 '몸소' 만나는 사람들끼리 서로를 최대한 배려하면 그 사람들의 품격도 높아질 것이다.

영어에 흥미로운 표현이 하나 있다. 'Would you give me an undivided attention?' 이라는 말인데, 직역하면 '내게 갈라지지 않은 관심을 주겠니?' 정도가 되겠다. 자신에게 집중해 달라는 뜻이다. 그러면 이에 흔히 하는 대답으로 'Yes, I am all ears' 라는 표현을 쓴다. 나의 존재 전체가 귀가 된다는 말인데, 온 귀를 쫑긋 세워 경청하겠다는 뜻이다. 정보의 폭주 속에 만성적인 주의력 결핍에 시달리는 우리들, 가까이 지내는 가족이나 동료들에게 행여 정성이 소홀하여 섭섭하게 대하고 있지는 않은지 가끔 습관을 점검해 보자. 상대방에게 온전히 몰입하는 눈빛으로 서로의 소중함을 일깨우자.

휴대폰을 꺼놓을 때

주소록을 없애 주세요

사랑하는 친구의 번호쯤은 외울 수 있도록

카메라를 없애 주세요

사랑하는 아이의 얼굴을 두 눈에 담도록

문자 기능을 없애 주세요

사랑하는 사람들이 다시 긴 연애편지를 쓰도록

기술은 언제나 사람에게 지고 맙니다

사람을 향합니다

—어느 이동통신사 광고 문구

엄마는 이렇게 말했다. "휴대전화 같은 거나 가지고 있으니까 상상력이 없어지는 거야. 만날 수 없을 때는 그냥 만날 수 없으니까 멋진 거야. 만날 수 없을 때 상대를 그리는 안타까운 마음이야말로 소중한 거야. 엄마는 아무리 멀리 있어도 유라를 생각하고 있어. 항상 생각하고 있어. 휴대전화의 전파가 아니라 마음의 전파로 생각하고 있어." 그래서 나는 언제나 엄마를 마음의 전파로 느끼고 있다. 휴대전화 같은 게 없어도 조금도 외롭지 않다.

—츠쯔이 토모미, 『먹는 여자』 중에서

예전에 비해 훨씬 줄어들었지만 이따금 일어나는 정전은 사회와 생활 전반에 엄청난 혼란과 손실을 가져온다. 그렇다면 만일 통신 시스템이 일시적으로 마비되거나 심각한 교란이 생긴다면 어떤 일이 벌어질까. 불미스러운 사고로 또는 모종의 테러 공격으로 휴대전화 기지국이 모두 파괴된다면? 아마도 정전 못지않게 곳곳에 막대한 지장이 생길 것이다. 우리에게 통신은 전기, 수도, 휘발유, 식량 등과 함께 현대 사회의 필수적인 인프라로 자리 잡았다. 정보 네트워크는 이제 문명의 신경망 또는 생명줄과도 같다고 해도 과언이 아니다.

개인의 일상에서도 마찬가지다. 외출하면서 깜박 잊고 두고 나오면 하루 종일 불편한 물건으로 휴대전화는 거의 지갑과 맞먹는다. 휴대전화에 교통카드나 신용카드 칩을 넣어두는 경우가 많아 지갑이 없어도 별로 불편하지 않다. 그런데 휴대전화 없이 돌아다니면 매우 허전하고, 수전증이라도 걸린 듯 손이 불안하다. 그보다 훨씬 당황스러운 것은 분실이다. 버스나 택시에 휴대전화를 두고 내린 것을 뒤늦게 알아차린 순간 패닉 상태에 빠진다. 그것을 되찾거나 새 단말기를 마련할 때까지 생활은 절름발이 신세다. 하필이면 그 사이에 중요한 전화가 걸려온다. 연락이 안 돼 불편했다고 지인들의 원성이 자자하다.

그러나 의외로 '별일' 없었던 경우도 있다. 집에 두고 온 휴대전화를 귀가하자마자 부랴부랴 확인해 보았는데 아무 전화가 걸려오지 않았다. 외국 출장에서 돌아와 곧바로 휴대전화를 열어 보니 스팸 문자만 가득하다. 중요한 연락이 없어서 다행이라고 생각하면서도, 아무도 나를 찾지 않았다는 것이 자못 섭섭하다. 공적인 업무와 사적인 교신이 모두 이루어지는 휴대전화는 자아와 사회가 만나는 접점이다. 세상으로 드나드는 커다란 관문이다.

휴대전화는 참으로 편리한 기기다. 권태와 고독으로 일상이 몸부림칠 때 언제든 버튼 하나로 간단하게 탈출할 수 있으니 말이다. 딱히 할 말이 없어도 일단 전화를 걸어 말을 붙인다. 통화가 되지 않으면 전화번호부에 올라 있는 사람들을 이리저리 뒤진다. 별 내용도 없는 문자를 보내기도 하고, 그동안 주고받은 메시지들을 하염없이 훑어보기도 한다. 어느덧 우리에게는 온라인 연락망이 현실 세계보다 훨씬 현실적으로 느껴지는 듯하다. 한국인들의 휴대전화 집착에 대해 강준만과 박민영은 다음과 같이 분석한다.

사람들이 휴대전화에 미치는 건 스스로 미치고 싶어서가 아니다. 셀룰러 이코노미라는 동력에 의해 만들어진, 새로운 라이프스타일이자 '삶의 문법'의 가공할 위력 앞에서 홀로 저항한다는 건 사실상 불가능한 일이다. (……) '휴대전화 덕분에 우리는 소통의 풍요를 만끽하게 되었는가' 하는 질문도 우문임에 틀림없다. 휴대전화는 소통을 위한 매체가 아니기 때문이다. 그건 내가 이 세상과의 끈을 놓지 않고 있다는 판타지를 공급하는 나의 주인이다.[6]

첨단 통신수단은 먼 거리에서도 소통이 가능하게 한다. 그것을 뒤집으면 통신수단은 인간과 인간 사이의 먼 거리를 필요로 한다는 말이 된다. 극단적인 예는 바로 옆자리에 앉아 있는 동료와 메신저로 대화하는 직장인들에게서 찾아볼 수 있다. 인간과 인간은 멀어지고 그 거리를 다양한 통신수단들이 메우고 있다. 언제든지 연락할 수 있다는 느낌 때문에 만남은 줄어들고, 외로움에 휩싸여 있으면서도 자신은 혼자가 아니라고 위안하게 된다.[7]

생각해 보면 휴대전화가 고독을 잊게 해주었지만 거꾸로 휴대전화 때문에 고독감이 더욱 짙어지는 면도 분명히 있다. 언제 어디에서든 연락할 수 있는 환경이 소통 그 자체에 대한 양적인 기대치를 높이고, 외로움에 대한 내성을 떨어뜨리는 것이다. 그리고 시도 때도 없이 걸려오는 전화가 조용한 몰입(flow)을 방해한다. 그것이 싫어서 휴대전화를 아예 갖지 않는 사람들이 있다. 인문학 계열 교수들이나 창조적인 작업을 하는 이들 가운데 특히 많은데, 번잡함과 속도에 휘말리지 않으면서 깊은 내면의 세계로 들어가기 위해서라고 한다. 한 신문에 관련 기사가 실렸다.

서울대 국사학과 교수 11명 중 2명, 충남대 철학과 교수 9명 중 2명, 우석대 문예창작과 교수 3명 중 1명이 휴대전화가 없다. 전국의 대학에서 가장 '불통'인 곳은 서울대 철학과로, 교수 18명 가운데 무려 8명이 문명의 총아와 한 발짝 거리를 두고 있다. 휴대전화가 없는 안도현 우석대 문예창작과 교수는 "인문학이 아무래도 사색과 사유의 학문이라 그런 듯하다"며 "어찌 보면 속도에 대한 나름의 저항처럼 여겨지기도 한다"고 답했다. 휴대전화를 사용하지 않는 소설가 구효서 씨도 "우리가 필요해서 인터넷과 휴대폰을 쓴다고 생각하지만 정작 알고 보면 타인의 필요에 우리가 노출되는 경우가 많다"고 말했다.[8]

미래학자 존 나이스빗도 휴대전화 없이 산다. 그의 말을 들어보자.

나와 아내는 하루를 매우 조용하게 보냅니다. 이런 말 하면 놀라겠지만 나는 휴대전화가 없어요. 사람들은 항상 자기의 어젠다(agenda, 화제)를 가지고 누군가에게 전화를 걸죠. 내가 휴대전화가 있다면 어디에 있든지 무엇을 하든지 간에 전화를 받아야 합니

다. 내가 왜 다른 사람의 어젠다에 휘둘려야 하죠? 때로는 교통 체
증으로 심심해서 걸어온 전화도 받아야 합니다. 길을 걷다 보면 노
천카페에서, 레스토랑에서 사람들이 누군가에게 쓸데없는 전화를
하는 경우를 종종 봅니다. 이러다 보면 중요한 일을 할 시간을 놓
칠 수 있어요. 혼자 찬찬히 앉아 무언가를 생각할 시간이 없다는
거죠. 그래서 나는 휴대전화를 사용하지 않고, 일정한 시간을 정해
이메일을 확인합니다.[9]

휴대전화를 갖고 있지만 일정한 시간에는 반드시 꺼놓는 사람도
있다. 『부모로 산다는 것』을 쓴 사진작가 오동명은 가족들 사이의
대화를 촉진하기 위해 한 달에 한 번 '휴대폰과 인터넷 없는 날'을
정한다고 한다. 그와 비슷하게 프랑스의 어느 도시에서는 '화면
없는 이틀'이라는 이름으로 청소년들이 컴퓨터, 텔레비전, 휴대전
화를 사용하지 않고 48시간을 지내 보도록 하는 운동이 벌어진다.
자신이 거기에 얼마나 의존하고 탐닉하는지를 자각하도록 하기 위
해서라고 한다.

휴대전화에서 벗어난 자유로운 시간을 원하는 사람들이 꽤 많을
것이다. 그런데 꺼놓는 사이에 중요한 용건을 전하려는 누군가가
불편해할까 봐 오랜 시간 꺼놓지 못한다. 이런 이들을 위한 서비스
하나를 통신회사에 제안한다. 하루 중에 자신이 전화를 받을 수 있
는 시간을 입력해 놓고, 단말기가 꺼져 있을 때 누군가 전화를 하
면 자동적으로 그 사람의 화면에 그 시간이 안내되는 것이다. 매일
똑같은 시간대에만 켜놓는 사람이거나 일주일 단위로 수업 시간이
똑같이 반복되는 대학생의 경우 자동으로 설정해 놓으면 해당되는
시간마다 자동적으로 꺼지고 켜지면서 외부에 안내될 수 있을 것

이다.

만일 이런 시스템이 생긴다면 언제 통화가 될지 몰라 계속 전화를 걸어대는 낭비를 하지 않아도 되고, 받는 사람도 정해진 시간에만 집중적으로 외부와 연결할 수 있다. 대학 교수들이 '오피스 아워'라는 것을 정해 놓고 그 시간에만 사무나 학생 면담을 하고 나머지 시간에는 연구에 집중할 수 있듯이 휴대전화에서 벗어나 자유로운 시간을 일정하게 확보한다면 업무 효율은 물론 휴식의 질도 크게 높아질 것이다.

'하루를 쉬다'는 말을 영어로 'take one day off'라고 표현한다. 전등이나 휴대전화를 끄는 것을 'turn off'라고 한다. 'off'라는 부사는 무엇에서 떨어진다는 의미를 담고 있다. 생활 속에 얼마만큼의 시간은 세상과 타인에게서 완전히 격리되는 것이 필요하다. 고독이 없이는 창조가 이루어지지 않고, 심심한 시공간을 스스로 메울 수 있는 내공이 있어야 타인과도 충만한 교류를 할 수 있다. 휴대전화가 도구가 아닌 주인 행세를 한다고 느껴질 때 잠시 전원을 끄고 조용히 자신에게 말을 걸어 보자.

커뮤니케이션의 미래

아, 밥벌이의 지겨움!! 우리는 다들 끌어안고 울고 싶다. 배터리가 다 떨어지면 핸드폰은 꼬르륵 소리를 내면서 죽는다. 핸드폰이 죽는 소리는 가볍고 하찮다. 핸드폰은 아무런 의미도 없는 유언을 남기고 죽는다. 핸드폰이 죽을 때 내는 이 꼬르륵 소리는 대선사들의 오도송보다도 더 절박하게 삶의 하찮음을 일깨운다. 거리에서 핸드폰이 꼬르륵 죽어 버리면 나는 문득 이제 그만 살고 싶어진다. 내가 이 세상과 단절되는 소리가 이처럼 사소하다니. 꼬르륵……

—김훈, 『밥벌이의 지겨움』 중에서

새로 개발된 도시에서는 점점 보기 어려워지는 풍경 가운데 하나로 전봇대가 있다. 지금은 어른들에게 유년의 추억을 불러일으키는 사물이지만 그것이 처음 등장했을 때는 첨단 문명의 상징이었다. 전봇대는 전기를 보내는 시설로 여겨지지만 애초 목적은 달랐다. 전봇대라는 말을 뜯어 보면, '전보' + '대' 로 이루어진 합성어다. 전신주라고도 하고, 영어로는 telegraph pole이라고 한다. 그러니까 전봇대는 원래 전보(전신)를 송수신하는 전선을 올려놓는

극단 신기루만화경의
2007년 연극 「다리퐁
모단걸」의 홍보 포스터

기둥으로 세워졌고, 얼마 지나지 않아 그 위에 전깃줄을 얹은 것이
다. 문명의 발전 과정에서 통신이 얼마나 중요했는가를 새삼 확인
하게 되는 대목이다.

전화가 처음 등장했을 때 사회의 모습은 어떠했을까. 2007년에
상연된 연극으로 「다리퐁 모단걸」이라는 작품이 있다. 배경은
1902년, 전화가 보급되던 초창기의 사회 풍경을 다채롭게 재현했
다. 다리퐁이란 텔레폰을 음독으로 풀어 읽은 것으로, 득률풍(得律
風)이라고도 했다. 그 외에 어화통(語話筒), 전어기(傳語機)라는 명

칭도 있었다. 연극에서 주인공 '외출이'는 ?? 오빠의 권유로 전화
교환원으로 취직하고, 그 일을 하게 되면서 어떤 남자의 가슴 아픈
사랑을 접하게 된다. 외출이는 그를 향한 연민으로 자신의 직업적
본분을 망각한 채 그 사랑에 개입하게 되고, 그러다가 그에게 마음
을 빼앗겨 그 때문에 일이 꼬이는 에피소드를 연극에서 해학적으
로 풀어내고 있다.

전통 사회에서 타인들이 나누는 대화를 몰래 엿듣는 경험은 흔
치 않았다. 더구나 여자가 생면부지의 남자와 통신한다는 것은 엄
청난 일이었다. 주인공의 이름이 '외출이'라고 붙여진 것은 그러
한 상황을 반영한 것이다. 전화교환원은 '모던 걸'이라고 불릴 만
큼 당시 여성들에게 '첨단' 직업 가운데 하나였다. 그런데 전화기
가 처음 도입되었을 때 교환수는 남성들의 영역이었다. 교환수를
통하지 않으면 통화할 수 없는 시스템에서 그의 권력은 막강했다.
교환수가 통화 내용을 듣고 있다가 저질 대화나 욕설이 들리고 격
렬한 말다툼이 일어나면 통화를 중단시키기도 했다고 한다.

목소리는 글자와 달리 살아 있는 신호다. 전화가 처음 사용되기
시작했을 때, 멀리 떨어져 있는 사람과 함께 있는 '원격 현존(remote
presence, telepresence)'에 아직 익숙하지 않았기에 사람들은 전화
를 하면서도 상대가 높은 사람이면 몸가짐을 조심스럽게 갖추었

다. '여보세요?' 라는 말도 전화가 처음 생겼을 때 생긴 말이다. 눈에 보이지 않는 사람의 목소리가 들리니 어색하고 신기하여 '여기 좀 보라' 고 말을 건넨 것이 전화 받는 용어로 굳어진 것이다. 어떤 나라에도 이렇듯 시각적인 표현이 들어가는 전화 인사말은 없을 것이다. 그러한 공감각(共感覺)적인 반응은 마샬 맥루한의 통찰과 상응한다.

전화는 글로 쓰여 인쇄된 페이지와는 달리 완전한 참가를 요구한다. 문자문화적인 인간은 오랫동안 단편적으로 주의하는 데는 익숙해졌으므로 전면적인 주의를 강력히 요구하는 데에는 반발을 느끼는 것이다. (……) 많은 사람들은 전화를 하면서 꼭 '낙서' 를 하고 싶어 한다. 이 사실은 전화 미디어의 본질과 밀접하게 관련되어 있다. 즉 전화는 우리의 모든 감각과 기관의 참가를 요구하는 것이다. (……) 전화가 제공하는 청각 이미지는 극히 빈약한 것이므로 우리는 다만 감각을 사용하여 그것을 보강하고 완전한 것으로 만들지 않으면 안 된다.

—마샬 맥루한, 『미디어의 이해』 중에서

이제 전화는 시청각 미디어로 변신하고 있다. 영상통화가 가능해졌고 이는 특히 휴대전화와 친화성을 가진다. "착 붙는 영상통화의 즐거움"이라는 광고 문구처럼 나의 몸에 밀착된 단말기는 모든 감각을 동원해 'SHOW'를 할 수 있도록 무대를 열어 준다. 휴대전화는 더 이상 전화기가 아닌 단계로 급속히 옮아가고 있다. 이미 언제 어디서든 텔레비전을 시청할 수 있는 '브라운관'으로 정착했고, 인터넷을 자유자재로 접속할 수 있는 '손 안의 IT 허브'로 나아가고 있다. 우리는 과거의 어느 권력자도 감히 꿈꿀 수 없었던 똘똘한 비서관을 여러 명 거느리고 사는 셈이다.

그렇듯 편리한 정보 환경에서 우리의 삶은 점점 개별화되어간다. 모든 것을 스스로 처리해야 한다. 사장이라도 문자 메시지 발송이나 수신은 손수 할 수밖에 없고, 문서 작성이나 파워포인트 제작도 부하 직원에게 시키지 않는 추세다. 내비게이션이 있으니 다른 사람에게 길을 물어 볼 일도 크게 줄었다. 자동차를 주차할 때도 후진 방향을 보여 주는 영상이 있고, 더 나아가 아예 자동으로 주차를 시켜 주는 장치도 개발된다. 그러니 이제는 타인에게 차의 뒤쪽을 봐달라고 부탁할 일도 없다. 생활의 '퍼스널'화 속에서 인간관계는 갈수록 단편화되고, 사회는 미세한 관계망들로 대체된다. 휴대 미디어를 손에 쥔 사람들은 삶의 공간을 저마다의 편의와 취향대로 편집하고 가공한다. 테크놀로지는 자아의 구성 양식을 끊임없이 변용시키고 있는 것이다.

그러나 그 사적인 통신 세계는 거대한 시스템으로 관리된다. 통화 내역이 초 단위로 정확히 기록되고, 기지국 정보를 통해 휴대전화 소지자들이 어디를 돌아다녔는지 동선(動線)이 추적되어 실종자나 범죄자 수색에 활용되기도 한다. 지극히 사사로운 관계의 변화까지 통신회사에 보고되기도 한다. 어떤 이는 애인과 헤어진 직후 한 통의 문자 메시지를 받았다. "고객님 상대번호가 커플 해제되었습니다. 요금제를 바꿔 주세요. 행복한 하루 되세요." 결별의 상심을 위로해주기는커녕 마지막 한마디가 속을 뒤집어 놓는다.

'여보세요?' 하루에도 몇 번씩 주고받는 이 말은 일종의 갈구인지 모른다. 엄청난 정보가 쏟아지고 수많은 볼거리가 넘쳐나지만 정작 서로를 향한 관심은 점점 아쉬워지는 시대의 화두처럼 들리기도 한다. 신들도 인간에게 뜻을 전하기 위해 메신저(使者)를 필요로 했을 만큼 소통은 언제나 어려운 일이었다. 길을 걸으면서 지구 반대편에 있는 사람의 얼굴을 마주보며 대화할 수 있는 지금, 과연 초보적인 수화나 봉화대 등 원시적인 수준의 미디어에 의존했던 시절보다 말이 잘 통한다고 할 수 있을까. 미래의 통신은 우리의 마음속에 어떤 모습으로 설계되고 있는가.

❶ Rich Ling, *The Mobile Connection : The Cell Phone's Impact on Society*, p.69.

❷ "Want a Drink? Pay With Your Phone" *US News And World Report*, 2007. 3. 18.

❸ 박민영, "디지털은 어떻게 영혼을 잠식하는가", 「인물과 사상」, 2007. 5., p.101.

❹ Rakow, L.F and Navaro, V. 1993. "Remote mothering and the parallel shift : Women meet the cellular telephone." *Critical Studies in Mass Communication* 10 : 144~157.

❺ 토머스 프리드먼, "아프리카를 바꾸는 휴대전화―생리대", 「동아일보」, 2007. 4. 11.

❻ 강준만, "휴대전화 노예공화국", 「한겨레21」, 2005. 11. 09.

❼ 박민영, "디지털은 어떻게 영혼을 잠식하는가", 「인물과 사상」, 2007. 5 104.

❽ 김기태 기자, "휴대폰 '거부' 한 300만 명", 「한겨레」, 2006. 11. 20.

❾ "『메가트렌드』의 저자 존 나이스빗 인터뷰", 「조선일보」, 2007. 4. 28.